rororo aktuell Essay – Herausgeber
Ingke Brodersen · Freimut Duve

BAHMAN NIRUMAND

Leben mit den Deutschen

Briefe an Leila

Rowohlt

Originalausgabe

Veröffentlicht im Rowohlt Taschenbuch Verlag GmbH,
Reinbek bei Hamburg, Januar 1989
Copyright © 1989 by Rowohlt Taschenbuch Verlag GmbH,
Reinbek bei Hamburg
Alle Rechte vorbehalten
Umschlagentwurf Jürgen Kaffer/Peter Wippermann
(Foto: Ann-Christine Jansson)
Satz Baskerville (Linotron 202)
Gesamtherstellung Clausen & Bosse, Leck
Printed in Germany
1200-ISBN 3 499 12404 1

INHALT

Du fragst – Wie sind die Deutschen? 7
Dann verhalten sich die Deutschen sehr distanziert 16
Der Junge aus der fremden Welt 27
Jede Unpünktlichkeit wurde hart bestraft 34
Eine schwer zu beschreibende Rationalität
des Verhaltens 41
«Das Schweigen ist wie ein Fluch
auf unserem Land» 51
«Und mehret den Gewinn mit ordnendem Sinn» 62
Im Einklang mit der offiziellen Meinung 73
Ein Hauch von Unruhe 79
«Planen Sie ein Attentat auf den Schah?» 91
Ulrike Meinhof: «Man muß den Staat demaskieren» 109
Die Ära Brandt: Die Deutschen werden weltoffener 123
Flucht vor Chomeini –
An der deutsch-französischen Grenze 129
In der fremden Kultur sich selbst nicht verlieren 152
Über den Autor 159

DU FRAGST –
WIE SIND DIE DEUTSCHEN?

Sonntag, 17. Januar 1988

Liebe Leila,

seit Monaten schon liegt Dein Brief hier auf meinem Schreibtisch. Er ist inzwischen zu einer schweren Last für mich geworden. Er raubt mir meine Ruhe, verfolgt mich beim Lesen, Schreiben, in der Kneipe, auf der Straße. Seit ich diesen Brief erhalten habe, schaue ich mir die Menschen genauer an, versuche, ihre Bewegungen zu deuten, ihre Sätze zu interpretieren – wie man hier sagt, aus ihnen schlau zu werden.

Du wirst Dich wundern, warum ich überhaupt so ein Aufheben um diesen Brief und Deine Frage mache.

Erstens hast Du mir in Deinem ausführlichen Brief mitgeteilt, wie wichtig es Dir ist, Genaueres über die Bundesrepublik zu erfahren. Du hast zwar in Teheran die deutsche Schule besucht, hast dadurch zahlreiche Deutsche kennengelernt, dennoch fällt Dir der Entschluß nicht leicht, den Sprung in eine andere Kultur, den Umgang mit Menschen, deren Vorstellungen, Gewohnheiten und Lebensformen Dir fremd sind, zu wagen. Deine Bedenken sind mir nicht fremd. Ich weiß sehr wohl, wie schwer diese Entscheidung ist, und bin gerne bereit, Dir den Entschluß – so weit wie möglich – zu erleichtern.

Zweitens will ich Dir aber auch verraten, daß es bei meiner Antwort längst nicht mehr nur um Dich geht; es geht auch um mich. Deine Fragen sind, wenn ich sie ernst genug nehme, zugleich Fragen nach meiner eigenen Identität. Ich bin mit fünfzehn Jahren in die Bundesrepublik gekommen, bin nach dem Studium in den Iran zurückgekehrt. Nach wenigen Jahren zwang mich die Schahdiktatur zum Verlassen meiner Heimat. Vierzehn Jahre dauerte das Exilleben in der Bundesrepublik. Die Revolution im Iran ermöglichte abermals meine Rückkehr. Doch auch diesesmal war mein Aufenthalt, wie Du weißt, nicht von langer Dauer. Ende 1981 mußte ich mich wieder auf die Flucht begeben; zunächst nach Frankreich, anschließend nach West-Berlin. Wie lange nun dieses zweite Exil dauern wird, ist nicht vorauszusagen. Ich habe also – wohl oder übel – viele entscheidende Jahre meines Lebens hier verbracht. Selbstverständlich hat mich die bundesrepublikanische Gesellschaft charakterlich, kulturell, geistig sehr stark beeinflußt. Die Bundesrepublik ist zu meiner zweiten Heimat geworden. Liebe ich dieses Land? Ich weiß es nicht.

Ähnlich wie mir geht es vielen Ausländern, die seit langem hier leben; ja selbst denen, die hier – äußerlich betrachtet – vollständig integriert sind, einen ihrer Ausbildung entsprechenden Beruf haben und ein ungestörtes, bequemes Leben führen. Auch diese können gewöhnlich die Frage, ob sie dieses Land lieben, sich zu ihm bekennen und es als ihre Heimat ansehen, nicht eindeutig bejahen.

Die Bundesrepublik gewährt Ausländern, die sich schon über längere Zeit hier aufhalten, die Möglichkeit, die deutsche Staatsangehörigkeit anzunehmen und damit denselben Status zu erhalten, wie ihn einheimische Bürger besitzen. Viele Ausländer, die die nötigen Voraussetzungen erfüllen, weigern sich, von diesem Angebot Gebrauch zu machen – rein emotional. Sie wollen in der Bundesrepublik bleiben, nicht aber deutsche Staatsbürger werden. Warum nicht? Woher stammt dieses ambivalente Verhältnis?

Oft habe ich mich mit meinen Landsleuten, die in anderen Ländern als Studenten, Immigranten oder Flüchtlinge leben, über dieses Problem unterhalten. Ich wollte wissen, ob sie ihren Aufenthaltsländern gegenüber ähnlich empfinden. Nur die wenigsten bejahten die Frage.

Ich war einmal während einer Fußballweltmeisterschaft in Italien und konnte dabei beobachten, wie die dort lebenden Iraner sich mit der italienischen Nationalmannschaft identifizierten. Selten bin ich hingegen einem Ausländer in der Bundesrepublik begegnet, der über einen Sieg der deutschen Nationalmannschaft Freude und Stolz empfunden hätte. Warum nicht?

Als ich zum erstenmal Deinen Brief las und mir darüber Gedanken machte, ob ich Dir ein Studium in der Bundesrepublik oder lieber in Frankreich, Italien, England oder den USA empfehlen sollte, fiel mir der Kongreß unserer studentischen Organisation CIS/NU ein, der früher jährlich stattfand. Bei dieser Gelegenheit trafen sich jedes Jahr die im Ausland lebenden oppositionellen Iraner. Es war bemerkenswert und zugleich belustigend zu beobachten, wie unterschiedlich sich die jeweiligen Gruppen verhielten. Nach kurzer Zeit konnte man bei jeder Gruppe das Studienland erraten. Die Art der Kleidung, Gestik und Mimik, der Umgang mit Freunden und politischen Gegnern oder auch die Art, wie jemand seine Anliegen, seine Argumente vorbrachte, waren deutliche Hinweise auf das Gastland. Obwohl die Diskussionen in persischer Sprache geführt wurden, konnte man selbst aus der Diktion, der Wortwahl, der unterschiedlichen Betonung einzelner Wörter, die kulturellen Einflüsse heraushören. Diejenigen, die zum Beispiel aus Italien kamen, waren meist lustig, phantasievoll, sie knüpften leicht Kontakte, reagierten oft emotional und unbeherrscht, hielten sich selten an Absprachen oder Bestimmungen. Die Studenten aus den USA fielen durch eine sonderbare Naivität auf. Immer hinkten sie der politischen Entwicklung hinterher. Bei jedem Treffen waren sie überrascht, wie weit die Diskussion unter den in Europa lebenden Mitgliedern gediehen war. Ihre Unbeschwertheit, ihre Neigung, Probleme zu verharmlosen, rasch Lösungen anzubieten, boten oft Anlaß zu allgemeiner Erheiterung.

Völlig anders verhielten sich die Mitglieder aus der Bundesrepublik: ernst, diszipliniert, oft in depressivem Zustand, theoretisch gut geschult, autoritätsfixiert, mit einer großen Liebe zur Ordnung. Sie bildeten die eigentlichen Köpfe der Bewegung. Sie konnten gut argumentieren und sich präzise ausdrücken. Konspirative Aktionen, Demonstrationen und Veranstaltungen wurden meist unter ihrer Regie ausgeführt. Unter den Mitgliedern galten sie als die Verläßlichsten. Korrekt, mit Hartnäckigkeit – oder war es Verbissenheit? – führten sie die Beschlüsse aus.

Wie sind die Deutschen? fragst Du mich?

Fast die Hälfte meines Lebens habe ich in der Bundesrepublik verbracht; ich habe mich mit der Geschichte, der Literatur, Kunst und mit den sozialen und politischen Problemen dieses Landes so intensiv wie ein Einheimischer auseinandergesetzt. Dennoch kann ich nicht behaupten, ich hätte nun die Deutschen verstanden und wäre in der Lage, ihre Charakterzüge, Verhaltensweisen und Reaktionen zu schildern. Die bundesrepublikanische Gesellschaft ist so heterogen, und die Menschen, die hier leben, sind zum Teil so kompliziert, daß es – jedenfalls für mich – vermessen wäre, sie analysieren zu wollen. Dieses Land und die Seele seiner Bewohner sind wie ein Labyrinth. Du läufst durch die Gänge – immer wieder glaubst

Du, den Ausgang gefunden zu haben, und immer wieder stellst du fest, daß du dich geirrt hast. Es gibt keinen Ausgang; es gibt nur die ständige Suche.

Ich habe zahlreiche Freunde unter den Deutschen, habe mehrere Liebesbeziehungen gehabt. Aber nur in den seltensten Fällen ist es mir bisher gelungen, diese Menschen tatsächlich zu verstehen. Je tiefer man in das Innenleben der Menschen hier eindringt, desto unergründlicher erscheint ihre «Seele». Oft glaubt man, einen Menschen erkannt, seine Eigenschaften richtig eingeschätzt zu haben – und wenig später entdeckt man neue Züge, die die betreffende Person in ein völlig anderes Licht rücken. Die Psyche der Deutschen ist vielschichtig. Man hat das Gefühl, als ob sich viel Verdrängtes unter der Oberfläche verbirgt; man muß tief graben, um zu den geheimen Gängen und versteckten Schätzen zu gelangen.

Mag sein, daß dies auch auf Menschen anderer Nationalitäten zutrifft. So intensiv kenne ich nur zwei Länder – den Iran und die Bundesrepublik. Im Vergleich zu den Iranern sind die Deutschen jedenfalls wesentlich komplizierter.

Selbstverständlich ist es abwegig, über «die Deutschen» zu sprechen. Die Vielfalt der bundesrepublikanischen Gesellschaft erlaubt keine Verallgemeinerungen. Hinzu kommt, daß dieses Land sich in einem rasenden Tempo verändert. Die vier Jahrzehnte der Nachkriegszeit, die ich hier teilweise erlebt habe, besitzen – oberflächlich betrachtet – wenig Gemeinsames. Schaut man sich heute Filme oder Dokumente aus den fünfziger oder sechziger Jahren an, so meint man, ein anderes Land vor sich zu haben. Jedesmal, wenn ich nach längerer Abwesenheit in die Bundesrepublik zurückgekehrt war, benötigte ich eine lange Zeit, um mich wieder einzuleben. Schon das äußere Bild der Städte hatte sich durch neue Straßen, Gebäude, Geschäfte, Anlagen derart verändert, daß mir die Orientierung nicht leicht fiel. Und dieses äußere Bild entspricht einem inneren Wandlungsprozeß, der sich in öffentlichen und privaten Bereichen, in der Literatur, Kunst, den Anschauungen, Theorien und Umgangsformen niederschlägt.

Die bundesrepublikanische Gesellschaft ist eine Wegwerfgesellschaft – nicht nur beim Konsum, sondern auch in geistigen und materiellen Bereichen des Lebens. Wenn du dich nicht ständig über den neuesten Stand der Entwicklung informierst, verpaßt du schon nach wenigen Wochen den Zug der Zeit. Aber auch dies muß ich schon einschränken. Im Grunde ist diese Gesellschaft längst unüberschaubar geworden. Täglich erscheinen hier Hunderte von Büchern und Zeitschriften. Fernsehen und Rundfunk hämmern dir Informationen, Ideologien, Ansichten ein. Von allen Seiten schlagen Knüppel und Fäuste auf deinen Kopf ein, bis du die Sensibilität verlierst und nichts mehr spürst. Die Rettung aus diesem Zustand ist die Flucht ins Privatleben, ein Klammern an die Arbeit, an die Familie, den gewöhnlichen Alltag.

Die meisten Deutschen sind überfüttert, übersättigt, nicht nur mit Lebensmitteln, auch mit Informationen und geistiger Nahrung. Eigentlich braucht diese Gesellschaft eine allgemeine Abmagerungskur, damit die Menschen ihre Wünsche und Sehnsüchte wieder auf die elementaren und normalen Bedürfnisse reduzieren können.

Wenn ich hier durch die Straßen laufe und mir das Warenangebot ansehe, an den Kiosken und Buchhandlungen diesen Wust an Büchern, Zeitungen und Zeitschriften betrachte, bekomme ich Erstickungsängste. Ich möchte schreien und rufen: «Es ist genug!» Wenn ich an die Zustände im Iran denke, erscheint mir dieser Reichtum hier wie ein Wahnsinn. Natürlich gibt es auch hier viele, die sich diesem Zustand widersetzen, dagegen revoltieren, «Unruhe stiften». Sie werden aber von der

Fülle verschluckt. Sie versuchen, jene Grenze zu überschreiten, die die überwiegende Mehrheit der Deutschen sich selbst gesetzt hat. Grenzen, die eine breite, alles aufsaugende Mitte umfassen. Diese Mitte besitzt eine unglaubliche Zähigkeit, aber auch eine erstaunliche Flexibilität. Sie kann sich Veränderungen anpassen und Erneuerungen in eine langweilige Normalität verwandeln. Damit ist sie gegen Attacken von außen gewappnet. Philosophen, Wissenschaftler oder Meinungsforscher können diese Gesellschaft analysieren und provozieren, Dichter und Schriftsteller ihre Wut hinausschreien und ihr Publikum beschimpfen, Feministinnen, Schwule und Friedensinitiativen noch so laut und heftig demonstrieren, sogar Scheiben einschlagen oder Gebäude in Brand setzen – sie sind gegen die alles beherrschende Normalität machtlos. Ist eine Provokation zu heftig, so daß sie die Gemüter der schweigsamen Mehrheit zu bewegen droht, wird sie von der «Mitte» aufgesogen und im Handumdrehen in eine alltägliche, allzu gewöhnliche, emotionslose Nichtigkeit verwandelt. Die bundesrepublikanische Gesellschaft gleicht einem Ozean, in dem sich kleinere Inseln der Minderheiten befinden. Zwar wird der Lauf der Wellen immer wieder für eine kurze Zeit von den Inseln gestört und ein wenig nach rechts und links abgelenkt, aber mehr als eine kleine Abweichung können diese Inseln nicht bewirken, sonst werden sie von Stürmen überflutet. Kein Wunder, daß die Repräsentanten der Republik – Mitglieder der Regierung und Parteien – nicht müde werden, sich zu dieser Normalität, zu der tonangebenden, alles beherrschenden Mitte zu bekennen. Tatsächlich gelingt es in der Bundesrepublik einem Außenseiter höchst selten, die Stufenleiter der Macht zu erklimmen und in die obersten Ränge zu gelangen. Je biederer, je normaler und langweiliger ein Politiker sich präsentiert, je harmloser er seine Vorstellungen und Zielsetzungen formuliert, je seltener er sich traut, «aus der Reihe zu tanzen», gegen den allgemeinen Strom zu schwimmen, desto größer seine Chance, die Hürden der Macht zu überwinden. Dies gilt gleichermaßen für Parteifunktionäre und Gewerkschaftler, für Diplomaten wie für Journalisten.

Das Erstaunliche ist, wie diese Mitte bei gleichzeitiger Wahrung der Ruhe und Ordnung die jeweils notwendigen Veränderungen vollzieht. Vielleicht ist dieses Phänomen damit zu erklären, daß der Einklang zwischen dem Staat, den Medien und der Bevölkerung bis auf wenige Ausnahmen immer gewahrt bleibt. In kaum einem anderen Land der Welt scheint mir die Bereitschaft der Bürger so groß, sich mit den staatlichen Ordnungskräften zu identifizieren und selbst als Hüter der Ordnung aktiv zu werden. In vielen Kleinstädten sieht man kaum Polizisten auf den Straßen. Dennoch wird die geringste Ordnungswidrigkeit, die kleinste Abweichung von der Norm, von zahlreichen Beobachtern registriert und oft den zuständigen Behörden gemeldet. Parkt ein Auto länger als gewohnt auf einer Straße oder einem Parkplatz, sind bei einem Fahrzeug die Bremslampen defekt, verkehren fremde Leute in einem Haus, lebt einer großzügiger, als es ihm seine finanziellen Möglichkeiten eigentlich erlauben – all dies bleibt den scharfen und neugierigen Blicken der Passanten und Nachbarn nicht verborgen. Die meisten Deutschen spielen gern die Rolle eines Polizisten. Ich bin oft bei Mißachtung irgendwelcher belangloser Verbote von Zivilisten darauf aufmerksam gemacht worden – unter Androhung einer Anzeigenerstattung.

Dergleichen kollektiven Verhaltens wird man vermutlich auch in anderen Ländern vorfinden, nur sind diese zumeist, wie bei uns im Iran, moralischer, religiöser Natur. Auch bei uns lösen – vor allem außerhalb der Großstädte – «moralische Vergehen» wie Ehebrüche, homosexuelle Beziehungen, Mißachtung religiöser Bestimmungen, Abweichungen von gängigen Verhaltensnormen heftige, manchmal sogar gefährliche Reaktionen der Bewohner aus. Diese Art Kollektivzwänge sind in der bundesrepublikanischen Industriegesellschaft weitgehend abgeschafft, nicht aber die Bereitschaft, Funktionen staatlicher Kontrollinstanzen zu übernehmen und sich für die Erhaltung der bestehenden Ordnung aktiv einzusetzen. Hier gibt es Leute, bei denen man den Eindruck hat, als ob sie auf der Lauer säßen, um andere bei irgendeinem Vergehen zu ertappen.

Diese alltägliche Kleinkariertheit steht in krassem Widerspruch zu dem, was die Deutschen auf kulturellem, künstlerischem und wissenschaftlichem Gebiet hervorgebracht haben. Für mich ist es sehr schwer, diese Diskrepanz zu erfassen und all die daraus entspringenden Eigenschaften der Deutschen zu begreifen. Wenn ich Dir also das Leben mit den Deutschen schildern soll, bin ich auf Eindrücke, Erlebnisse, Beobachtungen angewiesen, die sehr subjektiv gefärbt und zugleich so widersprüchlich sind, daß sie eindeutige Aussagen nicht zulassen. Sie sind Momentaufnahmen, die man wie ein Mosaik zusammensetzen muß. Dabei entsteht je nach der Zusammensetzung ein anderes Bild, das oft undefinierbare Züge und Konturen aufweist. Inwieweit also diese Bilder und die aus ihnen gewonnenen Erkenntnisse der Realität entsprechen, kann ich nicht beurteilen. Ich werde mich auf eine der Inseln, die Insel ausländischer Minderheiten, begeben, mich auf einen Felsen setzen und von dort den Ozean beobachten.

DANN VERHALTEN
SICH DIE DEUTSCHEN
SEHR DISTANZIERT

20. Januar 1988

Liebe Leila,

der Grund, weshalb wir Iraner dem Staat, wenn überhaupt, nur widerwillig Gefolgschaft leisten, ist leicht zu benennen. Es hat doch in unserer Geschichte kaum Perioden gegeben, in denen man sich mit dem Staat hätte arrangieren und identifizieren können. Wir haben den Staat und seine Repräsentanten, meist Despoten, immer als etwas Aufgezwungenes, Fremdes empfunden. Daher kann sich jeder, der sich staatlichen Maßnahmen und Bestimmungen widersetzt, der Sympathie der Bevölkerung sicher sein. Chomeini bildet eine Ausnahme. Die überwiegende Mehrheit der Bevölkerung hat ihn im Kampf gegen die Schahdiktatur unterstützt. Die Gefolgschaft galt aber dem Revolutionsführer, nicht dem Staat als einer übergeordneten Instanz. In der Bundesrepublik sind es nicht in erster Linie die Politiker, die das Vertrauen der Bevölkerung genießen. Hier stehen die Normalbürger hinter ihrem Staat; Kritiker werden als Störenfriede, Nestbeschmutzer, Nörgler betrachtet.

Bevor ich in die Bundesrepublik kam – damals warst

Du noch nicht geboren –, waren meine Kenntnisse über dieses Land äußerst gering; und selbst diese haben sich später zum größten Teil als falsch erwiesen.

Ich ging noch zur Schule. Das Bild, das man uns Jugendlichen von Europa vermittelt hatte, war so anziehend und begeisternd, daß meine Schulkameraden und ich den innigen Wunsch verspürten, einmal dieses Paradies Europa sehen und erleben zu dürfen. In Europa gäbe es keine Armut, keine Verbrechen, keine Aggressionen, hatte man uns erzählt. Alle Menschen lebten in Frieden, Wohlstand und Freiheit. Von dem furchtbaren Krieg und seinen Folgen, in dem nur wenige Jahre zuvor Millionen Menschen geopfert und ganze Länder zerstört wurden und in den nahezu alle Völker der Welt verwickelt gewesen waren, wurde kaum geredet. Bestenfalls wurden uns Heldengeschichten über deutsche und japanische Krieger erzählt. Europäer seien nicht nur wohlhabende, sondern auch ehrliche Menschen, wurde berichtet. Daher seien zum Beispiel die Justizbehörden in der Schweiz seit Jahrzehnten geschlossen, die Räume verstaubt, die zuständigen Beamten arbeitslos. Es gäbe ja dort keine Vergehen und Verbrechen, die die Behörden zu untersuchen hätten. Oft seien die Geschäfte ohne Verkaufspersonal. Die Käufer würden sich selbst bedienen und das Geld für die gekauften Waren in die Kasse legen.

Es sei so noch nie aus einer Kasse Geld gestohlen worden, nie habe ein Käufer unbezahlte Waren mitgehen lassen. Filme, die wir in den Kinos sahen, verstärkten unsere Sehnsucht nach Europa: die wunderbaren breiten, mit Bäumen und Blumen geschmückten Straßen, die schönen Parkanlagen, Spiel- und Sportplätze, die reich ausgestatteten Schaufenster der großen Geschäftshäuser, die überall grünende Landschaft, die Seen und Flüsse. Und selbstverständlich auch die Frauen mit ihren schön gewachsenen Körpern, der zarten weißen Haut, den langen blonden Haaren. Welchen Reiz übten sie auf uns aus, wenn sie leichtbekleidet die Straßen entlangliefen, ihre Liebhaber umarmten und küßten, auf dem Bett liegend ihre Beine und Brüste zeigten! Uns gegenüber präsentierten sich die blonden, hellhäutigen, hochgewachsenen Europäer als eine erhabene, auserwählte Rasse; und wir akzeptierten widerspruchslos diese Bewertung. Europa war für uns der Nabel der Welt, das Zentrum des kulturellen und politischen Geschehens. Europa war unser Traum.

Dagegen schien unsere Welt recht erbärmlich. Die ungeheure Armut, die vielen Bettler, die an jeder Straßenecke mit ausgestreckter Hand, zitternd und abgemagert, um Almosen baten; all die Lehmhütten; die verwahrlosten kranken Kinder; die schmalen, mit Dreck und Staub überzogenen Gassen; die kahlen Landschaften. Europa verwandelte sich in unseren Köpfen in ein Schlaraffenland, verursachte in unserer Psyche einen tiefen Minderwertigkeitskomplex. Jeder, der es sich leisten konnte, versuchte, sich europäisch zu gebärden. Wer europäische Kleidung trug, Waren aus Europa benutzte, europäisches Verhalten nachahmte, durfte sich zu den Privilegierten zählen. War einer nach Europa gereist, beherrschte er gar eine europäische Sprache, waren ihm im allgemeinen begehrte Güter und hohes Ansehen sicher.

Unter den europäischen Völkern genossen die Deutschen im Iran eine besondere Sympathie. «Made in Germany» war ein Zeichen für Zuverlässigkeit. «Deutsche Waren haben ein ewiges Leben», beteuerten die Händler, was auch von den Käufern bestätigt wurde. Auch Hitler war ein gutes Markenzeichen für Deutschland.

Man bewunderte ihn, erzählte wundersame Geschichten über ihn. Als die Russen Berlin eroberten – so wurde berichtet –, hätten die natürlich zunächst nach Hitler gesucht. Doch in seinem Bunker habe man in zwanzig verschiedenen Räumen jeweils eine Leiche des Führers entdeckt. So viele Doppelgänger habe er gehabt; sie alle seien bereit gewesen, für ihn zu sterben, damit er sich in Sicherheit bringen und später Deutschland retten könne. Hitler lebe noch, beteuerten die Gerüchte. Er werde eines Tages wieder auftauchen und es den Engländern, denen er seine Niederlage verdanke, heimzahlen. Dieser Wunsch war nach den Erfahrungen der Iraner mit den Briten nur allzu verständlich. Hitler galt als genialer Politiker, Offizier und Organisator, als Inkarnation der Ordnung und Disziplin. «Männer wie Hitler würden unser Land innerhalb weniger Jahre in ein Paradies verwandeln», hörte ich oft ältere Leute sagen. Als ich Ende 1951, mit vierzehn Jahren, den Teheraner Flughafen mit einer Propellermaschine der Scandinavian Airlines verließ, konnte ich mir natürlich nicht vorstellen, wie bedeutend diese Reise für mich werden sollte.

Es war spätnachmittags. Mir sind diese Tage bis in alle Einzelheiten in Erinnerung geblieben. Die rötlich schimmernde Abendsonne warf ihren Schein auf die im Norden der Stadt heraufragenden hohen Berge. Von oben über Teheran herabblickend, sah ich, wie die Straßenlaternen gerade angingen, als ob mir die Stadt zum Abschied ein Zeichen geben wollte.

Um Mitternacht erreichten wir Genf. Bis dahin war die Maschine nahezu voll besetzt. Unter den Passagieren, meist Iranern, befand sich ein mit meinen Eltern befreundetes Ehepaar. So fiel mir der Abschied von zu Hause nicht so schwer. Überhaupt war ich ziemlich durcheinander und merkte nicht so recht, was mit mir geschah. Vielleicht war es auch meine Neugierde, die mich die Trennung von Eltern und Geschwistern, von Freunden und Verwandten, nicht spüren ließ. Meine Aufmerksamkeit galt zunächst dem Flugzeug selbst. Lange hatte ich den Wunsch gehabt, einmal zu fliegen. Es erstaunte mich, wie so ein großer Gegenstand, mit so vielen Menschen im

Bauch, sich so unbeschwert zwischen den Wolken fortbewegen konnte. Ein wenig Angst spürte ich auch, besonders wenn die Maschine beim Überfliegen der Luftlöcher einige Male herabfiel und ins Wanken und Rütteln geriet.

Bei der Zwischenlandung in Genf stiegen sämtliche Passagiere aus; auf dem Weiterflug nach Frankfurt waren ein Araber und ich die einzigen Fluggäste. Hier erst begann ich zu begreifen, was mit mir geschehen war. Herausgerissen aus allem Vertrauten, aus der familiären Geborgenheit und hineingeschleudert ins Ungewisse, in eine fremde Welt, unter Menschen, deren Sprache, Kultur, Sitten und Umgangsformen mir gänzlich unbekannt waren. Wie sollte ich mich mit den acht bis zehn Wörtern wie «ja», «nein», «auf Wiedersehen», «guten Tag», «danke» zurechtfinden? Schon begann ich an der Richtigkeit meines Entschlusses, nach Deutschland zu gehen, zu zweifeln. Aber ich war auch gespannt auf die Begegnung mit jener Welt, die ich schon aus meinen jugendlichen Träumen zu kennen glaubte – auf Europa, das Paradies auf Erden, wo so freundliche, zufriedene, glückliche Menschen leben sollten.

Morgens um sieben landeten wir in Frankfurt. So bombastisch, wie ich ihn mir in meiner Phantasie ausgemalt hatte, sah der Flughafen gar nicht aus. Im Gegenteil: Er war ziemlich klein; ein paar Flugzeuge, meist zweimotorige, standen draußen herum, auf dem Flughafen herrschte kein großer Betrieb. Auch das Flughafengebäude erschien mir, sogar im Vergleich zum Teheraner Flughafen, recht ärmlich: eine Halle mit einigen Flugschaltern, ein einfaches Restaurant mit bescheidenem Mobiliar. Nach zwei Stunden Aufenthalt, hatte man mir in Teheran gesagt, würde ich nach Stuttgart weiterfliegen. Dort sollte mich Rudolf K., ein Freund meines Onkels, den er vor dem Krieg während seines Studiums in Berlin kennengelernt hatte, abholen. Rudolf K. arbeitete jetzt als Dekorateur in Stuttgart.

Nach der Landung führte mich eine Stewardess ins Flughafenrestaurant. Ich war sehr müde; die beiden letzten Nächte hatte ich fast ohne Schlaf verbracht. Hungrig war ich auch. Meine Eltern hatten mir beigebracht, etwas, das mir angeboten würde, erst nach dreimaliger Aufforderung anzunehmen. Diese Sitte war offensichtlich sowohl dem Flughafenpersonal als auch dem Kellner des Restaurants, der mir ein Frühstück servieren wollte, nicht bekannt. «Nein danke», sagte ich schüchtern, und das Tablett mit frischen Brötchen, Marmelade, Käse, Wurst und Tee wurde kaltblütig weggetragen. Wenn der Kellner gewußt hätte, wie mein Magen vor Hunger knurrte! Ich fürchtete, die Maschine nach Stuttgart zu verpassen. So begab ich mich nach einer Stunde in die Schalterhalle. Am Ende dieser Halle standen zahlreiche Gepäckstücke, darunter auch meine beiden Koffer. Ein Wagen kam herbeigefahren, lud sämtliche Gepäckstücke auf – nur meine Koffer nicht. Nach einer Weile wurden neue Gepäckstücke gebracht und kurz darauf wieder weggetragen. Die vorgesehenen zwei Stunden waren längst verstrichen. Niemand hatte mich aufgefordert, in das Flugzeug nach Stuttgart zu steigen. Ich wußte nicht, wie ich mich nun verhalten sollte. Immer wieder lief ich an dem Schalter der Scandinavian Airlines vorbei, hustete, um mich bemerkbar zu machen, keine Reaktion. Den Gesichtern der dort stehenden Angestellten war nicht zu entnehmen, daß ich etwa die Maschine verpaßt hätte. «Vielleicht wissen diese Angestellten gar nicht, daß ich nach Stuttgart fliegen will», dachte ich. Fünf Stunden schon war ich in der Halle auf und ab gegangen. Endlich faßte ich Mut, ging zum SAS-Schalter, bewegte die rechte Hand als Zeichen des Fliegens, zeigte mit der linken auf mich und sagte, betont als Frage: «Stuttgart?»

Eine junge hübsche Frau mit hellblauer Uniform und einer kleinen Stewardessmütze auf ihren blonden Haaren antwortete mir mit ein paar Sätzen, die ich natürlich nicht verstehen konnte. Nur das freundliche Lächeln auf ihren leicht geschminkten schmalen Lippen wirkte beruhigend auf mich. Daraus schloß ich jedenfalls, daß ich die Maschine nicht verpaßt hatte. Ich nickte höflich, ging weiter zur Gepäckstelle am Ende der Halle, sah dort meine beiden Koffer verlassen stehen. «Nun gibt es keinen Grund zur Aufregung», sagte ich mir. «Die Stewardess weiß, daß ich auf diese Maschine nach Stuttgart warte; sie wird mir rechtzeitig Bescheid geben.» Wieder vergingen Stunden, ohne daß etwas geschah. Müdigkeit und Hunger lähmten allmählich meine Widerstandskraft. «Was für eine Dummheit», dachte ich. «Diese unsinnige Entscheidung, nach Deutschland zu fahren!»

Ich wunderte mich, daß mich niemand ansprach. Dutzende von Angestellten, die in der Schalterhalle anwesend waren, sahen, daß ich seit den frühen Morgenstunden in der Halle hin und her lief. Wieso kam nicht einer von ihnen auf den Gedanken, irgendein beruhigendes Wort an mich zu richten? Damals schien mir diese Reaktion völlig fremd und unerträglich.

Etwa nachmittags um sechs war meine Geduld endgültig erschöpft, auch meine Kraft. Ich sackte einfach auf den Boden ab, begann laut zu heulen und zu schreien. Die Stewardess vom SAS-Schalter eilte herbei, hob mich hoch, führte mich zum Schalter, schenkte mir ein Plakat, auf dem eine viermotorige SAS-Maschine abgebildet war. Dann klopfte sie mir auf die Schulter und sagte etwas, wahrscheinlich Sätze, die mich beruhigen sollten. Andere Anwesende schauten verwundert zu mir herüber, rührten sich aber nicht. Ich denke, in einer ähnlichen Situation in Teheran wären alle Umstehenden zu dem Jungen geeilt, hätten ihn zu trösten versucht.

Ähnliches Verhalten wie damals auf dem Frankfurter Flughafen habe ich später oft bei den Deutschen beobachtet. In Notsituationen wirken die Deutschen sehr beherrscht. Der Drang, schnell und spontan zu helfen, sich einzumischen, zu vermitteln, zu versöhnen, zu beruhigen, ist bei ihnen selten spürbar. Wenn zwei sich auf der Straße prügeln, die Polizei jemanden festnehmen will, ein Kind weint, ein Betrunkener sein Gleichgewicht verliert und hinfällt, ein Unfall passiert... verhalten sich die meisten Deutschen distanziert. Wenn jemand mit dem Auto auf der Strecke stehenbleibt, weil ihm das Benzin ausgegangen ist, sein Wagen eine Panne hat oder nicht anspringt, finden sich selten spontane Helfer.

Endlich um zehn Uhr abends konnte ich den Flug nach Stuttgart antreten, in einer kleinen zweimotorigen Propellermaschine, vollbesetzt mit zumeist alten Damen – keine Kinder, keine Jugendlichen. Es kam mir vor, als ob wir zu einem Sanatorium flögen.

Ankunft in Stuttgart. Tiefe Wolken bedeckten die Stadt, so daß man nur kurz vor der Landung ein paar Lichter sehen konnte. Ich stieg aus, ging durch die Sperre. Rudolf K. und seine Frau, die mich abholen sollten, waren nicht da. Auch in der Flughafenhalle wartete niemand auf mich. Unsere Maschine war anscheinend die letzte, die an diesem Abend in Stuttgart angekommen war, denn die Schalter wurden geschlossen. Passagiere, Besucher, Zollbeamte verließen das Flughafengebäude. Nach kurzer Zeit stand ich mit meinen zwei Koffern ganz alleine in der Halle und wußte nicht, wohin. Damit hatte ich natürlich nicht gerechnet. Ich war sicher, daß man mich abholen würde. Zum Glück hatte ich die Adresse der Familie K. dabei, aber wie sollte ich dorthin kommen? Ein paar Dollarscheine hatte ich im Portemonnaie. «Für den Notfall», hatte mein Vater gesagt und sie mir beim Abflug in Teheran in die Tasche gesteckt. Ich hätte also ein Taxi nehmen können, doch ich traute mich nicht. Schließlich kam ein Polizist auf mich zu. Sicherlich hatte er sich gewundert, daß ich mich immer noch in der menschenleeren Halle aufhielt und so unentschlossen herumstand. Es ist ein merkwürdiger Zufall, daß der erste Mensch, der mich in der Bundesrepublik ansprach, ein Polizist war. Ich konnte ihm nicht antworten, streckte ihm Rudolf K.s Adresse entgegen. Er gab mir ein Zeichen, ich solle ihm folgen. Wir gingen in die Polizeiwache, er setzte sich an den Schreibtisch und begann zu telefonieren. Dann gingen wir zu einem Polizeiwagen, fuhren in die Stadt, zum Hauptbahnhof. Draußen kam mir alles sehr dunkel vor, obwohl die Straßenlaternen und Lichtreklamen brannten. Die Straßen waren fast leer, die Häuserwände nahezu ohne Ausnahme mit dunkler Farbe gestrichen, es gab viele Ruinen und halbzerstörte Häuser, es war naß, windig und kalt, ein richtiger deutscher Novemberabend in einer vom Krieg zerstörten Stadt. So hatte ich mir Europa nicht vorgestellt.

Am Hauptbahnhof stiegen wir aus. Dort hatte Frau K. auf mich gewartet, nicht am Flughafen. Sie war etwa Mitte Vierzig. Sie kam auf mich zu, gab mir die Hand und zeigte mir mein Foto, das mein Onkel seinem Freund geschickt hatte. Wir verabschiedeten uns von dem Polizisten und gingen zur Straßenbahnhaltestelle. Die Kälte war unerträglich. Der starke Wind schlug mir die Regentropfen ins Gesicht. Die Straßenbahn war fast leer, in einer Ecke saß ein älterer, ärmlich angezogener Mann mit einer Bierflasche in der Hand und summte vor sich hin. Die Fensterscheiben waren beschlagen. Ich wischte mit der Hand den Dampf ab, schaute nach draußen. Immer wieder Ruinen, zerstörte Häuser, zerschossene, zerbrochene Fenster und Türen. Mir fiel auf, daß man in keine Wohnung hineinsehen konnte; überall waren die Holzrolläden heruntergelassen. In den Kurven kreischten die Räder auf den Schienen, es hörte sich wie Sirenen an.

Nach einem Fußweg von etwa zehn Minuten betraten wir ein Haus, dessen obere Stockwerke ebenfalls zerbombt waren. Vom zweiten Stockwerk war lediglich ein einziges

Zimmer übriggeblieben, darunter zwei Wohnungen. In einer dieser Wohnungen hauste Familie K.

Das Wohnzimmer, das ich beim Betreten als angenehm warm empfand, war klein und bescheiden eingerichtet. Eine Sitzecke aus Holz, ein paar Fotos und Kunstdrucke an den Wänden, ein Spiegelschrank in einer Ecke. Am Ende des Zimmers, unter dem einzigen Fenster im Raum, stand eine Bettcouch. Rudolf K. lag darin. Seine freundlichen braunen Augen schauten mich hinter den Brillengläsern an.

Frau K. zeigte auf ihren Bauch, womit sie mich fragen wollte, ob ich Hunger hätte. O ja, ich hatte Hunger, ein richtiges Loch im Bauch. Und diesesmal verzichtete ich auf Anstand, vergaß die mir eingehämmerten Verhaltensregeln, nickte unmißverständlich mit dem Kopf. Frau K. ging in die Küche, kam nach wenigen Minuten mit einer dampfenden Schüssel zurück. Ein furchtbarer, zum Erbrechen übler Geruch breitete sich im Zimmer aus. Blumenkohlsuppe hatte sie mir zubereitet, eine Speise, die ich von zu Hause her nicht kannte. Ich nahm ein Stück Brot, nein, es war eine schwäbische Brezel, die mir sehr gut schmeckte. Die Suppe konnte ich nicht essen.

Das Mahl war beendet, unterhalten konnten wir uns nicht, ich konnte nicht berichten, wie es mir auf der Reise ergangen war, die K.s nicht fragen, weshalb ich so lange in Frankfurt hatte warten müssen, weshalb sie mich in Stuttgart nicht abgeholt hatten. Der Schwiegervater wollte sogleich diesem Mangel Abhilfe schaffen, holte ein paar Buntstifte, legte sie vor mich hin und begann, mir Deutschunterricht zu erteilen. «Das ist Rot, das ist Grün, das ist Blau.» Und während er die Aufzählung der Farben fortsetzte, schlief ich ein und fiel mit dem Kopf gegen seine Schulter. Frau K. brachte mich mit meinen zwei Koffern ein Stockwerk höher in das einzige Zimmer, das dort von den Bomben verschont geblieben war. Ein kahler Raum mit einem Bett aus Metall, weiß gestrichen, wie Betten, die man aus Krankenhäusern kennt. «Gute Nacht», sagte sie und ließ mich in dem Zimmer allein.

Der Raum war nicht geheizt, vor Kälte zitterte ich am ganzen Körper, holte aus meinem Koffer sämtliche Pullover heraus, zog sie übereinander an. Eine Menge persischer Süßigkeiten hatte ich auch dabei, stopfte mir damit den Mund voll. Dann stieg ich ins Bett, ohne mich auszuziehen. Was für eine freudige Überraschung, unter der Decke lag eine Wärmflasche.

DER JUNGE AUS DER
FREMDEN WELT

24. Januar 1988

Liebe Leila,

nein, der Frankfurter Flughafen ist heute ein riesiger Gebäudekomplex mit mehreren Restaurants, Cafés, Konferenzräumen, Geschäften. Fast in jeder Minute starten und landen dort mehrere Flugzeuge. Ein alleinreisender Jugendlicher würde heute, selbst wenn er sich tagelang in der Haupthalle aufhalten würde, in der Menge der wartenden Passagiere gar nicht auffallen.

Wieso hat Dich mein Brief beunruhigt? Du wirst sicherlich, solltest Du nach Deutschland kommen, ähnliche Probleme nicht haben. Erstens bist Du schon zwanzig, zweitens sprichst Du perfekt Deutsch, und drittens würde ich Dich natürlich vom Flughafen abholen und Deine Ankunft und Deinen Aufenthalt vorbereiten. Zudem wird eine hübsche junge Frau wie Du sicherlich genug bereitwillige Helfer finden.

Seitdem ich begonnen habe, Dir zu schreiben, fühle ich, wie ich mich immer mehr in die Rolle eines Beobachters begebe. Ich versuche, zu allem, was mich mit der Bundesrepublik verbindet, Distanz zu gewinnen, meine Empfindungen und Gedanken aus längst vergangenen Zeiten wachzurufen, um mich allmählich der Gegenwart nähern zu können. Äußerlich gesehen, deutet nichts mehr auf die unmittelbare Nachkriegszeit hin. Doch vielleicht wird es mir gelingen darzustellen, wie weit die Vergangenheit in das heutige Leben der Deutschen hineinwirkt, wo und in welchen Bereichen die alten Narben sichtbar werden.

Nach einem tiefen Schlaf wachte ich irgendwann am nächsten Tag auf. War es früh am Morgen, schon Mittag oder Nachmittag? Ich wußte es nicht. Meine Uhr war stehengeblieben. Der Blick aus dem Fenster konnte mein Problem nicht lösen. Dunkle, graue Wolken bedeckten den Himmel, der Stand der Sonne war nicht zu erkennen. Hier ist der Himmel meistens bedeckt, nicht nur im Winter, fast das ganze Jahr über. Daran habe ich mich nach so vielen Jahren immer noch nicht gewöhnt. Es wird Dich wundern, aber das Wetter gehört zu den größten Problemen, mit denen ich hier zu kämpfen habe. Sicher, in unserer Heimat herrscht großer Mangel. Aber das Wetter dort, dieser ewig blaue Himmel, die warme Sonne und die Millionen Sterne am Abend, die man stundenlang anschauen kann, das ist ein Privileg. Man kann unsere Bodenschätze rauben, die billigen Arbeitskräfte ausbeuten, aber diesen Himmel kann uns niemand wegnehmen.

Ich glaube, daß so ein Wetter wie in Deutschland, dieser Mangel an natürlichem Licht, dieses ewig Graue und Dunkle, das Gemüt prägt und zu einem bestimmten sozialen Verhalten führt. Dieses Wetter zwingt die Menschen, sich einzukapseln, zu verhüllen, in ein Loch zu verkriechen. Kein Wunder, daß die Deutschen sich in ihrer Freizeit vorwiegend in ihren Wohnungen und Häusern aufhalten und das Gemeinschaftsleben auf der Straße kaum kennen. Ich vermisse es jedenfalls, daß man selten Menschengruppen auf den Straßen sieht, die sich angeregt unterhalten, oder Frauen und Männer, die auf Stühlen vor ihren Häusern sitzen und mit zufällig vorbeigehenden Bekannten oder unbekannten Passanten plaudern. Auch spielende Kinder sieht man selten auf den Straßen. Die Deutschen treffen sich in den Wohnungen oder in Kneipen. Selbst dort wird die Distanz gewahrt. Kommt man in ein Restaurant oder ein Café, setzt man sich nicht zu fremden Leuten, es sei denn, es ist kein Tisch mehr frei. In der U-Bahn oder im Zugabteil, wo man sich gegenübersitzt, vermeidet man die Blicke des anderen. Nicht, daß die Leute sich nicht gegenseitig beobachten und sich füreinander interessieren würden. Sie tun das sehr wohl, aber nicht direkt, sondern durch Seitenblicke und immer dann, wenn der andere wegschaut.

Nach langem Zögern verließ ich das warme Bett, traute mich aber nicht, nach unten zu gehen. «Vielleicht schlafen die Leute noch», überlegte ich. Ich begann, laut ein persisches Lied zu pfeifen, das Lied von der Karawane, die in die Ferne zieht und die Geliebte in ein anderes Land bringt. Ich lief mit festen Schritten auf dem Parkettboden hin und her, um mich bemerkbar zu machen. Doch niemand hörte mich. Die Kälte im Zimmer war kaum auszuhalten. Schließlich riskierte ich ein Ärgernis, begab mich nach unten, klingelte an der Wohnungstür. Aus der Nachbarwohnung kam eine Frau heraus, führte mich in die Wohnung der Familie K. Wie am Vorabend lag Rudolf K. im Bett. Ich setzte mich auf die Eckbank, bekam endlich ein ordentliches Frühstück, einige Stunden später ein Mittagessen. Die Dunkelheit draußen und im Zimmer, der kranke Mann im Bett, der mir ab und zu einen traurigen Blick zuwarf, die Familienfotos und Kunstdrucke an der Wand, der Spiegelschrank mit einigen Kristallgläsern und bemalten Porzellandosen und Holzkästen darin und die vollständige Stille, die ab und zu durch ein längeres Husten Rudolf K.s unterbrochen wurde, verstärkten meine Sehnsucht nach zu Hause. Ich hatte richtig Heimweh, war schier verzweifelt. Acht Stunden lang saß ich auf demselben Platz, als ob ich eine Strafe zu verbüßen hätte. Erst am Abend kamen Frau K. und ihr Vater zurück, vermutlich von der Arbeit. Ihre Versuche, mich aus der bedrückten Stimmung herauszuholen, scheiterten an meiner Unkenntnis der Sprache. Es kam die Schlafenszeit: Treppen hinauf, das kalte Zimmer, die kahlen Wände, das weiße Bett, die Wärmflasche. Am nächsten Tag wieder das ewige Sitzen auf der Eckbank. Jede Stunde schien mir eine Ewigkeit zu dauern. Ich hoffte auf eine Überraschung, eine Veränderung, daß ein Besuch käme, mit Kindern und Jugendlichen meines Alters.

«Wieso bekommen K.s keinen Besuch?» dachte ich. «Wo sind ihre Freunde, ihre Verwandten? Gibt es keine Jungen in der Nachbarschaft, mit denen ich spielen könnte?» Ich kam mir vor wie im Gefängnis. Das Zimmer verwandelte sich in eine Zelle, mein Mitgefangener lag krank im Bett, zu bestimmten Zeiten trat die Wärterin ein und reichte uns das Essen. Meine einzige Aufgabe: der ständige Kampf gegen die tödliche Langeweile.

Die Verschlossenheit der Familien, dieses sich Abkapseln von der Außenwelt habe ich erst in Deutschland kennengelernt. Hier führt jede Familie ein recht eigenes, gegen außen geschütztes Privatleben. Es ist die Intimsphäre, zu der Außenstehenden nur selten ein Zugang gewährt wird. Wie Du weißt, gibt es in unserer Sprache keinen Unterschied zwischen «Verwandtschaft» und «Familie». Im Deutschen bezeichnet man mit dem Wort «Familie» lediglich Eltern und Kinder. Tanten, Onkel, Vettern, Kusinen sind «Verwandte». Die Verwandten sieht man – selbst, wenn man in derselben Stadt wohnt – ganz selten, eigentlich nur bei besonderen Anlässen wie einer Hochzeit oder Trauerfeier. Selbst Freunde müssen sich, wenn sie sich gegenseitig zu Hause besuchen wollen, Wochen und Tage vorher anmelden. Spontane Besuche gibt es fast nie. Hier hat jeder seinen geregelten Tagesablauf, jeder ist ständig verplant, die Leute haben kaum Zeit füreinander, selten für sich selbst.

Die Deutschen müssen alles im voraus planen. Selbst wenn sie in Urlaub fahren, wird alles anhand von Karten und Buchungen geregelt. Es gibt sogar Leute, die wissen, an welcher Autobahnraststätte sie eine Mittags- oder Kaffeepause machen werden, wenn sie sich auf die Reise begeben.

Neulich traf ich ein junges Ehepaar mit einem kleinen Kind. Sie kamen gerade von einem Sonntagsspaziergang. «Wir waren gerade auf der Pfaueninsel», sagte die Frau begeistert. «Eigentlich hatten wir es nicht so geplant, aber das Wetter war so schön, die Straße ziemlich leer, so sind wir einfach weitergefahren, bis zur Pfaueninsel, so ganz spontan.» Ich hatte den Eindruck, daß die Frau über diese ungewöhnliche Aktion selbst überrascht war und nun von den Anwesenden Anerkennung und Bewunderung wünschte.

Vier Tage verbrachte ich auf der Bank, endlich kam der Sonntag, mein erster Sonntag in Deutschland. Rudolf K. war inzwischen gesund geworden. Zum erstenmal nach meiner Ankunft in Deutschland verließ ich gemeinsam mit dem Ehepaar K. und dem Schwiegervater das Haus. Draußen lag Schnee. Wir fuhren mit der Straßenbahn aus der Stadt heraus, machten anschließend einen Waldspaziergang. Mir gefiel die hügelige, von Wäldern bedeckte Landschaft, vor allem der Blick von den Lichtungen aus auf die Stadt, die friedlich im Tal lag. Dennoch hatte der Sonntag etwas Trauriges, Schwermütiges an sich. Das lag aber nicht an meiner Stimmung, denn die Sonntage hier mag ich immer noch nicht. Zwar haben auch diese sich inzwischen geändert, dennoch spürt man nach wie vor eine allgemein depressive Stimmung. Was mich damals störte, war die einfältige, fast stumpfe Art, mit der die

Leute den Sonntag zu verbringen pflegten: ausschlafen, in Ruhe frühstücken, sich sonntäglich kleiden, in die Kirche gehen. Mittags roch es überall nach Braten. Nach dem Essen ein kurzer Mittagsschlaf, ein längerer Spaziergang. Anschließend gab es Kaffee und Kuchen. Die Abende dienten der Ruhe und dem «geselligen Beisammensein» im «Kreis der Familie»; später lernte ich diese Begriffe als Werbeworte der Gemütlichkeitsindustrie kennen. Auf dem Land und in vielen Kleinstädten verlaufen die Sonntage immer noch nach dem gleichen Schema. Aber auch in den Großstädten, in denen dieses Ritual im allgemeinen nicht mehr gepflegt wird, hat man an den Feiertagen das Gefühl, daß die Zeit stillsteht. Besonders in den Wintermonaten, wenn es kalt und unfreundlich regnet, herrscht eine Stimmung wie bei einer Trauerfeier, bedrückend – oder, wie man hier sagt, «besinnlich».

Rudolf K. und seine Frau waren, wie ich später feststellen konnte, äußerst liebe und freundliche Menschen; natürlich fehlte ihnen die Fähigkeit, sich mit einem Jungen aus einer fremden Welt zu beschäftigen, was zugegebenermaßen nicht einfach war. Drei Wochen lang saß ich fast von morgens bis abends auf der Bank im Wohnzimmer der K.s. Die einzige Unterbrechung: ein gelegentlicher Gang in den Keller. Dort hatte Rudolf K. eine kleine Werkstatt, die er zum Reparieren von elektrischen Geräten, Fahrrädern oder Haushaltsgegenständen benutzte. Oft nach Feierabend durfte ich ihn in den Keller begleiten. Ich bewunderte seine Geschicklichkeit und war überrascht, daß ein Dekorateur so ganz nebenbei auch dieses Handwerk beherrschte. Das ist aber bei den Deutschen nicht ungewöhnlich. Fast zu jedem Haushalt gehört zumindest ein Werkzeugkasten mit Bohrmaschine und Säge. Die Deutschen sind technisch sehr begabt und geschult. Kleinere Reparaturen, Wohnungsrenovierungen werden privat erledigt, zumal Handwerker teuer sind.

Ich hielt das eintönige Leben bei K.s nicht mehr aus. Mit Hilfe eines Wörterbuchs, das unglücklicherweise statt Persisch-Deutsch Deutsch-Persisch war, gab ich ihnen zu verstehen, daß ich lieber in ein Internat gehen würde. Meine Hoffnung war, dort Gleichaltrige kennenzulernen und mich dadurch aus der Langeweile und Isolation herausretten zu können.

JEDE UNPÜNKTLICHKEIT
WURDE HART BESTRAFT

27. Januar 1988

Liebe Leila,

ich weiß nicht, ob Du mit all dem, was ich Dir schreibe, etwas anfangen kannst. Inzwischen habe ich den Eindruck, daß meine Briefe an Dich sich verselbständigt und sich von Deinem Problem entfernt haben, daß sie eigentlich mehr mir dienen als Dir. Ich bin sicher, daß mir, wenn ich diese Briefe später nacheinander in einem Zug lesen würde, viele Widersprüche auffallen würden. Wahrscheinlich würde ich auch Behauptungen und Urteile entdecken, die ich in einem anderen Zusammenhang so nicht aufrechterhalten könnte. Aber ich habe Dir ja gleich im ersten Brief geschrieben, daß meine Aussagen sehr subjektiv sind und nicht selten von meiner momentanen Stimmung abhängen. Sei also gewarnt! Ein anderer würde Dir wahrscheinlich ein völlig anderes Gesamtbild von der Bundesrepublik Deutschland vermitteln.

Das Internat, in das ich schließlich kam, eine Einrichtung der Herrnhuter Brüdergemeine, glich einer Kaserne, mit dem Unterschied, daß hier die Schüler statt zu militärischen Übungen tagsüber zur Schule gingen. Ein paar große Schlafsäle und Waschräume, ein riesiger Speisesaal mit langen Tischen und Bänken und kleinere Arbeitsstuben beherbergten rund einhundertfünfzig Schüler. Sechs Erzieher und ein Heimleiter, den die Schüler «Boss» nannten, sorgten für die Aufrechterhaltung von Ruhe und Ordnung und dafür, daß alle vernünftigen oder willkürlichen Anweisungen genauestens befolgt wurden. Morgens um sechs trat ein Erzieher in den Schlafsaal und erteilte das Kommando zum Aufstehen. Die schlaftrunkenen Schüler mußten innerhalb weniger Sekunden aus den Federn heraus und stramm neben ihren Betten stehen. Zögerte einer, das warme Bett zu verlassen, wurde er herausgezerrt und je nach Ermessen des Erziehers mit kürzerem oder längerem Hausarrest bestraft. Das war eine schlimme Strafe, denn die zwei Stunden Ausgang pro Tag, die wir zum Spielen auf dem nahe gelegenen Sportplatz, zu einem Spaziergang in den Wald oder einem Bummel in den Ort nutzten, bildeten die einzige Gelegenheit, unseren Bewachern zu entrinnen und uns ein wenig auszutoben.

Das Tagesprogramm wurde streng eingehalten. Aufstehen, waschen, frühstücken, in die Schule gehen, zwei Stunden Ausgang nach dem Mittagessen. Dann zwei Stunden Schularbeiten, eine halbe Stunde Kaffeepause, wieder zwei Stunden Schularbeiten, Abendbrot, danach alles sauberkehren und blankputzen, waschen, ins Bett. Die Schüler der Abiturklasse hatten abends noch eine halbe Stunde Ausgang. Alle Zeiten mußten pedantisch eingehalten werden. Jede Unpünktlichkeit wurde hart bestraft.

Der strengste Erzieher im Heim – er war gleichzeitig auch Mathematiklehrer – war ein ehemaliger Major der deutschen Wehrmacht. Er wurde von den Schülern sehr gefürchtet und gehaßt. An den Tagen, an denen er Dienst hatte, herrschte vollständige Ruhe im Heim, als ob die hundertfünfzig Schüler Taubstumme wären. Der Major legte vor allem viel Wert auf Sauberkeit. Er inspizierte unsere Schränke, Schreibtischpulte, fuhr mit seinem Zeigefinger unter der Tischplatte entlang, um staubige Stellen festzustellen, blätterte unsere Hefte und Bücher durch und suchte Tintenkleckse, Fettflecken, Fingerabdrücke. Fand er dergleichen in einem Heft, zerriß er sämtliche Blätter, und man mußte das ganze Heft noch einmal abschreiben. Verzeihen, Erbarmen, das Übersehen eines leichten Vergehens gab es bei ihm nicht.

Aus dieser Hartnäckigkeit und Härte schöpfte er seine Macht. Er selbst war die Inkarnation von Ordnung und Sauberkeit. Solange ich in dem Heim war – immerhin anderthalb Jahre –, trug er immer denselben Anzug, dunkelbraun, ein cremefarbenes Hemd, eine Krawatte in der Farbe seines Anzugs, schwarze Socken, schwarze Schuhe, scharf gebügelte Hosenfalten. Ich habe ihn kein einzigesmal sitzen sehen, nicht im Heim, auch nicht in der Schule während des Unterrichts. Er pflegte die ganze Stunde über vor der Klasse zu stehen oder auf und ab zu gehen. Seine Schuhe glänzten, seine Schritte waren immer gleichmäßig und entschlossen, seine Körperhaltung änderte sich beim Gehen nie. Wenn er ein Stück Kreide anfaßte, um etwas an die Tafel zu schreiben, rieb er anschließend den Zeige- und Mittelfinger gegen den Daumen, ging dann zum Waschbecken, wusch sich die Finger. Er war der einzige Erzieher im Heim, der nie anwesend war beim gemeinsamen Essen, an dem selbst der Schulleiter gewöhnlich teilnahm. Vermutlich befürchtete er, daß der Vorgang des Essens, dieses profane menschliche Bedürfnis, seine Autorität bei den Schülern schwächen könnte.

Eines Tages betrat «Su» – so nannten wir ihn, weil er statt «soso», «susu» sagte, den Schlafsaal. «Guten Morgen, aufstehen!» rief er. Alle Schüler standen nach wenigen Sekunden stramm neben ihren Betten, nur ich blieb als einziger liegen. Ich war erkältet, hatte ziemlich hohes

Fieber und meinte daher, im Bett bleiben zu dürfen. Doch «Su» empfand mein Verhalten offensichtlich als eine Ungeheuerlichkeit, die ihm vermutlich noch nie in seiner militärischen Laufbahn, sicherlich aber nie in dem Internat begegnet war. Er zögerte einen Augenblick lang. Im Schlafsaal herrschte Totenstille, die Schüler blieben wie steinerne Statuen neben ihren Betten stehen. Dann kam er auf mich zu. Das Geräusch seiner Absätze auf dem hölzernen Fußboden klang wie Trommelschläge. «Ich habe Fieber», sagte ich, kurz bevor er mein Bett erreicht hatte. Seine Gesichtszüge waren so streng, als ob er eine Maske aufgesetzt hätte. Er sagte kein Wort, faßte mit dem Daumen und Zeigefinger mein Ohrläppchen, drückte mit dem Fingernagel in das Fleisch, so tief, daß es blutete. «Aufstehen», sagte er fast flüsternd, aber im strengen Befehlston. Ich stand zögernd auf. «In den Waschraum!» kommandierte er laut. Wir alle folgten seiner Anweisung. Es war Winter. In dem Waschraum herrschte dieselbe unerträgliche Kälte wie im Schlafraum. Hier wurde nie geheizt. Wir mußten immer, gleichgültig wie hoch oder niedrig die Raumtemperatur war, unsere Oberkörper frei machen und uns mit kaltem Wasser waschen. Ich behielt meine Schlafanzugjacke an. «Su», der mich die ganze Zeit beobachtete, verlor allmählich die Beherrschung. «Ausziehen!» schrie er plötzlich. «Ich habe Fieber», gab ich zurück. Er kam auf mich zu, packte den Kragen meines Schlafanzugs, riß mir die Jacke vom Leib.

Ich war so wütend, daß ich nicht mehr wußte, was ich tat, holte weit aus, schlug ihm, so heftig ich konnte, ins Gesicht. Auf die anderen Schüler wirkte die Ohrfeige wie ein elektrischer Schlag. Sie erstarrten in derselben Haltung, die sie gerade eingenommen hatten; angstvoll blickten sie auf den Erzieher. «Su» sagte kein Wort, drehte sich um, ging aus dem Waschraum.

Was bis dahin niemand zu denken, auszusprechen, ja

nicht einmal zu träumen wagte, war auf einmal Wirklichkeit geworden. Die größte Autorität im Heim und an der Schule war von einem fünfzehnjährigen Knirps, dazu noch einem Ausländer, in Anwesenheit zahlreicher Schüler geohrfeigt worden, ein furchtbares Vergehen, das durch nichts wiedergutzumachen war. Minuten nachdem «Su» den Raum verlassen hatte, konnte keiner der Zeugen des Geschehens ein Wort herausbringen. Man hörte nur das Plätschern des Wassers im Waschbecken.

Wie ein Lauffeuer verbreitete sich die Nachricht, nicht nur im Heim, auch im ganzen Ort. Keiner, der es nicht mit eigenen Augen gesehen hatte, wollte es glauben. Nun begann unter den Schülern das Rätselraten, was mit mir geschehen würde. Ich selbst war über meine Reaktion sehr verwundert, fühlte mich aber auch, trotz der Angst um die Folgen, stolz und befreit. Selbstverständlich mußte ich nun mit den höchsten Strafen rechnen. Das Gericht, bestehend aus dem Heimleiter und den Erziehern, tagte hinter verschlossenen Türen. Rausschmiß schien die einzig angemessene Strafe. Doch der Umstand, daß meine Eltern nicht erreichbar waren und ich keine andere Möglichkeit hatte, irgendwo unterzukommen, zwang die Richter zu einer anderen, für mich weit härteren Maßnahme: Ich mußte öffentlich, vor allen Erziehern und Schülern, «Su» um Verzeihung bitten, was, wie ich annehme, für den Erzieher weit peinlicher war als für mich, und erhielt bis auf weiteres Ausgehverbot.

Tatsächlich durfte ich sechs Monate lang während der täglichen Mittagspause das Heim nicht verlassen. Dennoch hatte die Ohrfeige auch positive Folgen für mich. Als einziger Ausländer unter den Schülern bis dahin gerade noch geduldet, war mein Ansehen unter den Schülern von nun an gestiegen. Auch die Erzieher und Lehrer erwiesen mir ungewollt mehr Respekt. Nun galt ich nicht mehr als Fremdling, der «aus dem Busch» kam, über den man witzeln konnte. Man nahm mich ernst, bemühte sich sogar um meine Gunst und meine Freundschaft. Ein weiterer Vorteil, der mir aus der erteilten Ohrfeige und der darauffolgenden Strafe erwuchs, war ein gelegentlicher Besuch in der Kirche. Die Frau des Heimleiters, eine fromme Protestantin und eifrige Kirchgängerin, nahm mich, um mich trotz Hausarrest aus dem Heim herauszuholen, manchmal mit zum abendlichen Gottesdienst. Dabei spielten sicherlich auch missionarische Absichten eine Rolle. Einen Muslim zum Christentum zu bekehren wäre für sie vermutlich aufmunternd und beglückend gewesen. Für mich war der gelegentliche Kirchgang ein großes Geschenk. Nicht die Predigt und das Gebet interessierten mich, sondern die Musik, das Orgelspiel, die Lieder, die im Chor gesungen wurden, der Duft der Kerzen, der heilig anmutende Raum der Kirche, die Skulpturen, die Gemälde. Sie beglückten mich so sehr, daß ich am liebsten jeden Abend der Andacht beigewohnt hätte.

Meine große Bewunderung für die deutsche Musik, Kunst und Literatur hat, glaube ich, hier ihren Ursprung. Damals hatte ich keine Ahnung davon. Dennoch war ich von der Art, wie religiöse Empfindungen, Vorstellungen, Aussagen durch Musik, Malerei und Architektur geäußert wurden, zutiefst gerührt und beeindruckt. Wenn Bach und Haydn gespielt wurden, wenn ich dem Chor der Solisten, begleitet von der Orgel, lauschte, empfand ich ein Gefühl, das mir bis dahin gänzlich fremd war. Meine Eltern waren nicht fromm, mehr aus Pflichtgefühl als aus Überzeugung gingen wir zu besonderen religiösen Anlässen in die Moschee. Dort erzählte der Prediger die Geschichte der islamischen Märtyrer, von deren grausamem Opfergang für den Islam und brachte jedesmal das Publikum zum Weinen. Frauen stießen Klagerufe aus, Männer schlugen sich aufs Haupt. Für mich war Religion bis dahin immer nur mit Trauer, Tod, Entbehrungen verbunden gewesen. Wie anders war hier die Atmosphäre! Die Worte des Priesters und die Texte der Lieder verstand ich kaum, wohl aber die Musik, die mich innerlich bewegte und mich in ihren Bann zog. Ich betrachtete die auf beiden Seiten des Raums hinaufstrebenden Säulen, die sich an der Decke trafen, um eine Einheit zu bilden, die Gemälde, die bunten kleinen Fensterscheiben, die brennenden Kerzen am Altar. Und je mehr ich mich dieser Stimmung in der Kirche hingab, desto schwerer fiel mir die Rückkehr in das Heim. Diese Diskrepanz der beiden Welten, die nur wenige Schritte voneinander entfernt lagen, war mir unbegreiflich. Hier die beglückende, großartige Sanftmut, dort das Kleinkarierte, Häßliche, Brutale. Dieses Deutschland hier liebte ich, jenes dort haßte ich. Diese Ambivalenz der Gefühle Deutschland gegenüber empfinde ich in differenzierter Form auch heute noch.

Natürlich habe ich später auch ein anderes Gesicht der Kirche kennengelernt, habe erfahren, welche Greueltaten sie in der Vergangenheit im Namen Gottes begangen, wie oft sie in der Geschichte reaktionäre Kräfte unterstützt und ihnen zur Macht verholfen hat. Auch Doppelmoral und Scheinheiligkeit sind mir im Laufe der Jahre aus manchen Äußerungen und Handlungen bestimmter Kirchenkreise oft begegnet. Ich habe aber auch viele Menschen kennengelernt, Pastoren oder christlich engagierte Frauen und Männer, deren selbstloser Einsatz für humanitäre Ziele ich bewunderte.

EINE SCHWER
ZU BESCHREIBENDE
RATIONALITÄT
DES VERHALTENS

29. Januar 1988

Liebe Leila,

in diesem Jahr scheint der Winter Erbarmen mit uns zu haben. Nach dem unerträglichen Sommer, in dem kaum die Sonne zu sehen war und ich an manchen Tagen sogar meinen Kachelofen anmachen mußte, herrschen in diesen Januartagen für die Jahreszeit recht milde Temperaturen. Auch die Wolken lassen oft die noch schwache Sonne durchscheinen und gönnen uns sogar über längere Stunden einen blauen Himmel. In den Parkanlagen ist schon ein Hauch von Frühling spürbar, Vögel aller Art singen recht vergnügt, und die ersten Blätter sprießen an den Bäumen. Laß uns trotzdem in die Vergangenheit zurückkehren.

Mein Verhältnis zu den Schulkameraden im Heim besserte sich also zunehmend. Sie ließen mich oft von meiner Heimat erzählen, hörten mir neugierig zu, bewunderten das Fremde, das ich repräsentierte. Ein Ausländer, ein Orientale, der sie sogar noch an die Geschichten von Karl

May und an das wilde Kurdistan erinnerte, war eine Seltenheit.

Auch hatten die furchtbare Niederlage, die noch herrschende Armut das Selbstbewußtsein der Deutschen, das Gefühl, die Welt beherrschen zu können, eine auserwählte Rasse zu sein, weitgehend geschwächt und verdrängt. Die allgemeine Not ließ ein allzu stolzes Auftreten nicht zu. Mir kamen damals nicht nur Jugendliche, auch die Erwachsenen ängstlich, entmutigt und unsicher vor. Im Gegensatz zu heute, wo der allgemeine Wohlstand und die soziale Sicherheit wieder ein starkes Selbstbewußtsein erlauben und bei manchen Bürgern dieses Landes zu unerträglicher Arroganz anderen Völkern gegenüber führen, wirkten die Deutschen in den fünfziger Jahren schüchtern. Sie waren eher als heute dazu bereit, Ausländer, auch Nicht-Europäer als gleichrangig anzusehen und ihnen etwa dieselben Rechte einzuräumen, die sie für sich in Anspruch nahmen. Trotzdem gelang es mir auch damals nicht, das Gefühl zu überwinden, ein Ausländer, ein Fremder zu sein. Ich spürte eine Distanz, die vielleicht nicht nur von den Deutschen ausging, sondern wahrscheinlich auch von mir. Gewisse Verhaltensweisen waren mir so fremd, daß ich sie trotz großer Mühe nicht verstehen und akzeptieren konnte. Ein Beispiel:

Im Internat bereiteten die Ferien mir immer große Sorgen. Denn während alle anderen Schüler nach Hause zu ihren Eltern fuhren, wußte ich nicht, wohin ich gehen sollte. So waren die für meine Schulkameraden herbeigesehnten Abreisetage für mich ein Alptraum. Freudestrahlend packten alle schon am Vorabend ihre Koffer, um sich am nächsten Tag zeitig auf die Reise begeben zu können. Jedesmal, wenn die letzten das Heim verließen, entstand eine furchtbare, beängstigende Leere. Ich kam mir in den Räumen einsam und verlassen vor. Alleine irgendwohin zu reisen, traute ich mich nicht. So blieb ich in dem

Heim, bei einer älteren Krankenschwester und einem jungen Erzieher, der aus den Ostgebieten stammte und genau wie ich nicht nach Hause fahren konnte. Die Krankenschwester war eine außergewöhnlich liebenswürdige Frau, die ich fast genauso gern hatte wie meine Mutter.

Der Erzieher, Mitte Zwanzig, gab mir Privatunterricht in Deutsch. Zu seinen Unterrichtsmethoden gehörte vor allem das Auswendiglernen. Er selbst schwärmte für die deutsche Literatur und konnte zahlreiche Gedichte auswendig. Es gefiel mir, wenn er auf unseren gemeinsamen Spaziergängen Gedichte von Goethe, Novalis und Hölderlin, den er besonders schätzte, rezitierte. Auch mir schlug er vor, literarische Texte auswendig zu lernen. Es sei nicht wichtig, den Inhalt zu verstehen, man müsse zunächst den Klang der Sprache, den Rhythmus der Wörter spüren. Nur so könne man einen wirklichen Zugang zu einer fremden Sprache finden. Ich folgte seiner Anweisung, begann, den ersten Teil von Goethes Faust auswendig zu lernen. Das war eine sehr schöne und auch nützliche Ferienbeschäftigung. Oft ging ich in sein Zimmer, er sprach den Faust, ich den Mephisto, und wir beide hatten großen Spaß daran. Übrigens war er auch sehr verliebt. Seine Verlobte lebte in Dresden, er schwärmte von ihr, und wenn er Gretchen rezitierte («Mein Ruh' ist hin, mein Herz ist schwer...»), glänzten seine Augen.

Ich hatte inzwischen unter den Schulkameraden einige Freunde, wurde auch eingeladen, einmal zu einem von ihnen in den Schwarzwald. Der Vater meines Freundes war Förster von Beruf, die Familie gut situiert, sie besaß ein nach damaligen Verhältnissen recht vornehm eingerichtetes Haus mit einem großen Garten.

Drei Wochen hielt ich mich dort auf, erhielt aber zu meinem Erstaunen und Entsetzen am Abend vor der Abreise eine korrekt ausgestellte Rechnung. Ich mußte also für Kost und Logis selbst aufkommen. Du weißt, dergleichen könnte bei den ärmsten Familien im Iran nicht vorkommen, in der Bundesrepublik war dies leider kein Einzelfall. Ähnliche Erfahrungen haben sich später bei mir wiederholt.

Als ich noch zur Schule ging, lud mich einmal eine Familie zum Mittagessen ein. Während das Essen aufgetischt wurde, klingelte es an der Tür. «Wer mag das sein?» fragte der Hausherr überrascht. Es wäre höchst ungewöhnlich, wenn etwa die Nachbarn gerade um die Mittagszeit stören würden. Dasselbe galt für Freunde und Verwandte. Der Postbote konnte es auch nicht sein, denn der war bereits am Vormittag dagewesen. «Vielleicht ist es der Telegrammbote», warf die Frau ein und ging zögernd zur Tür. Es war ihr Bruder. Er sei hier zufällig vorbeigefahren, erklärte er. Er habe gedacht, er wolle nur kurz guten Tag sagen. Als er merkte, daß noch ein Gast da war, entschuldigte er sich ein paarmal, wollte wieder gehen. Die Frau bat ihn, doch Platz zu nehmen. «Jetzt bist du ja schon einmal da, dann kannst du auch eine Weile bleiben.» Sie fragte ihn, ob er schon gegessen habe. Er hatte nicht. «Dann kannst du mit uns essen», sagte sie. «Es gibt zwar nur drei Stück Fleisch, aber dafür reichlich Gemüse und Kartoffeln.» Dankbar setzte sich der Bruder an den Tisch. Die Frau gab mir, ihrem Mann und sich selbst jeweils ein Stück Fleisch, den Bruder forderte sie auf, Gemüse und Kartoffeln zu nehmen. Ich wagte nicht, ihm die Hälfte meines Stückes Fleisch anzubieten.

Der ganze Vorgang hatte mich schon so schockiert, daß mir das Angebot nicht angebracht schien. Verwunderlich war nicht nur das Verhalten des Ehepaars, als noch unbegreiflicher empfand ich die Reaktion des Bruders. Er fühlte sich nicht im geringsten betroffen, aß mit sichtlichem Vergnügen und unterhielt sich sehr angeregt. Was er aber beim Abschied tat, traf mich wie ein Schlag. Er holte sein Portemonnaie heraus, legte drei Mark auf den

Tisch, sagte, er habe ohnehin bei einer Imbißbude essen wollen. Ich traute meinen Augen und Ohren nicht. Jetzt würde das Ehepaar in Wut geraten, ihn mitsamt seiner drei Mark hinauswerfen. Irrtum: Beide bedankten sich. Als er ging, äußerte sich die Frau auch noch lobend über ihn. «Er ist doch ein anständiger Kerl», sagte sie. Kannst Du so etwas begreifen? Vielleicht haben wir eine andere Moral, ein anderes Verhältnis zu den Menschen und Gegenständen, zu Geld und sonstigen Gütern dieser Welt. Sicher, das Ehepaar war nicht wohlhabend, die schwere Kriegszeit, der Hunger und all die Entbehrungen während dieser Zeit waren noch längst nicht vergessen.

Damals wurde viel von den Nöten der Kriegsjahre erzählt und darüber, wie die Menschen gezwungen waren, für ein Stück Brot und ein paar Kartoffeln meilenweit durch Schnee und Kälte zu laufen. Das macht manches verständlich, erklärt aber nicht alles.

Inzwischen liegt der Krieg mehr als vierzig Jahre zurück. Die überwiegende Mehrheit der bundesrepublikanischen Gesellschaft hat ihn entweder gar nicht oder als Kind miterlebt. Die erlebte Not und der mit ihr verbundene egoistische Selbsterhaltungstrieb gehören einer abgeschlossenen Geschichtsepoche an. Die erwähnten Beispiele – schon damals Extremfälle – würden sich heute vermutlich nicht wiederholen. Doch Spuren jener Haltung sind immer noch häufig anzutreffen. Nicht daß Deutsche im Geben kleinlich oder geizig wären. Geizig sind sie, soweit ich das beurteilen kann, nicht mehr und nicht weniger als andere Völker. Es ist etwas anderes, es ist eine schwer zu beschreibende Rationalität, die nicht nur auf materiellem Gebiet zum Ausdruck kommt, sondern auch bei zwischenmenschlichen Beziehungen sichtbar wird, sogar bei engen Freundschaften, Ehepaaren, zwischen Eltern und ihren Kindern.

Ich muß immer wieder betonen, daß es unzählige Ausnahmen gibt. Ich selbst kenne zahlreiche Menschen, auf die meine Aussagen nicht zutreffen. Aber wenn man bestimmte auffällige Eigenschaften eines Volkes beschreiben will, lassen sich Verallgemeinerungen eben nicht vermeiden. Was ich also bei den Deutschen immer wieder feststelle, ist eine Überbewertung persönlicher Interessen, ein Insistieren auf den eigenen Wünschen und Bedürfnissen, ein Mangel an Bereitschaft, sich für die Mitmenschen, für Freunde, Verwandte, Nachbarn einzusetzen, auf den eigenen Vorteil zugunsten von anderen zu verzichten.

Mag sein, daß diese Rationalisierung des eigenen Wohlergehens von der Tatsache herrührt, daß die sozialen Hilfeleistungen in der Bundesrepublik weitestgehend öffentlich gewährleistet werden und man nicht, wie zum Beispiel bei uns im Iran, in Notfällen auf Hilfe und Solidarität von Freunden und Verwandten angewiesen ist. Hier genügt es schon, ein pflichtbewußter Bürger zu sein, redlich die Steuern zu bezahlen, seinen Beruf gewissenhaft auszuüben. Dann kann man guten Gewissens die einem zustehenden Rechte wahrnehmen und ungeachtet der Sorgen der Mitmenschen das eigene Leben so angenehm wie möglich gestalten. Die Menschlichkeit scheint verstaatlicht.

Das Verhalten der Deutschen im Straßenverkehr verdeutlicht diese Haltung. Mißachtet einer die Vorschriften, geht ein Fußgänger bei Rot über die Straße, biegt jemand aus Versehen in eine Einbahnstraße ein, übersieht einer ein Verkehrsschild, dann kann es für den Betreffenden wirklich gefährlich werden. Denn gerade in solchen Fällen halten sich die anderen Verkehrsteilnehmer strikt an die Regeln, auch dann, wenn sie den Fehler des anderen bemerken und die daraus entstehende Gefahr hätten abwenden können.

Um recht zu behalten, riskieren sogar manche ihr Leben. Die Aufmerksamkeit vieler Verkehrsteilnehmer konzentriert sich eher auf die Schilder und Vorschriften als auf andere Autofahrer und Fußgänger.

Wie im Verkehr, so in der gesamten Gesellschaft. Das Leben der meisten Deutschen ist rechtlich und sozial bis ins letzte Detail geregelt. Krankenversicherung, Arbeitslosenversicherung, Rentenversicherung, Lebensversicherung, Hausratsversicherung, Diebstahlversicherung und ähnliches bilden ein weitgespanntes Netz, in dem sich jeder sicher aufgehoben fühlt. Warum sich also um andere kümmern, werden viele sagen. Jeder kann sich mit seiner Not an die zuständigen Behörden wenden, selbst die Ärmsten brauchen nicht zu hungern, sie erhalten zumindest eine Sozialhilfe. Das soziale Engagement ist staatlich geregelt, individueller Einsatz und Opferbereitschaft scheinen nicht mehr gefragt.

Selbstverständlich ist gegen den Sozialstaat nichts einzuwenden. Alle sozialen Einrichtungen sind in einem langwierigen Kampf errungen worden. Soziale Leistungen sind nun Rechtsansprüche der Bürger. Es ist auch nicht zu bezweifeln, daß ein Gang zu den Behörden, die zur Hilfeleistung verpflichtet sind, allemal besser ist als eine vielleicht demütigende Annahme von Almosen. Du weißt doch, wie unerträglich die finanzielle Abhängigkeit von Verwandten und Freunden sein kann, wie oft diese Abhängigkeit zur erzwungenen Unterwürfigkeit führt. Es ist aber auch nicht zu leugnen, daß in allen Gesellschaften, in denen die sozialen Leistungen durch den Staat gewährt werden, etwas Wesentliches an menschlichen Beziehungen, an humanen Empfindungen, an spontaner Hilfsbereitschaft verlorengeht. Und genau diesen Verlust empfinde ich bei vielen Deutschen, viel seltener jedoch bei den Minderheiten, den Inselbewohnern, von denen ich Dir in einem der ersten Briefe berichtete.

Einen ersten Eindruck von diesem Deutschland der Minderheiten gewann ich auf der Waldorfschule in Stuttgart. Das Leben im Internat wurde für mich immer unerträglicher. Eines Tages, wenige Wochen nachdem mein Deutschlehrer das Heim verlassen hatte – er hatte die Trennung von seiner Verlobten nicht mehr ausgehalten und war kurzentschlossen nach Dresden zurückgekehrt –, packte ich meine Koffer und verschwand. Von Rudolf Steiner wußte ich nichts, auch nichts von der Waldorfschule und den dort praktizierten Lehr- und Erziehungsmethoden. Ich suchte eine Privatschule, schaute im Telefonbuch nach. Der Zufall wollte, daß ich dabei gerade die Waldorfschule wählte.

Hier herrschte eine völlig andere Atmosphäre als im Heim. Mir kam es so vor, als sei ich in ein anderes Land gereist. Keine Zucht, keine strenge Ordnung, Disziplin, Sauberkeit. Hier wurde nicht der Versuch unternommen, die Schüler zu dressieren, sie durch Strafe, Härte, dogmatische Prinzipien «auf die richtige Bahn zu bringen». Hier bekamen die Schüler und Schülerinnen die Möglichkeit, sich ihren Begabungen und Interessen entsprechend frei zu entfalten. Ich atmete wirklich auf, empfand nach kurzer Zeit großen Spaß am Unterricht, verliebte mich, schloß Freundschaften, die teilweise bis heute fortdauern. Es waren nicht nur Unterrichtsinhalte und Lehrmethoden, die die Schule von anderen abhoben, sondern vor allem auch die Beziehungen zwischen Lehrern und Schülern, die sich frei von jeglicher Autorität zu intensiven Freundschaften entwickeln konnten. Unter den Lehrerinnen und Lehrern habe ich Persönlichkeiten kennengelernt, deren Einfluß mein späteres Leben tief geprägt hat. Bei intensiven Gesprächen mit ihnen, die wir oft außerhalb der Schule bis tief in die Nacht hinein führten, wurde mir der Sinn geschärft für die Größe der deutschen Kultur; so sehr, daß ich den damals für einen Iraner außergewöhnlichen Entschluß faßte, Germanistik und Philosophie zu studieren.

Von den Verbrechen der Nazis, der Vernichtung von Juden und Kommunisten, den Konzentrationslagern, der Ideologie des Faschismus hörte ich während der Schulzeit kaum, weder in der Schule noch außerhalb. Über all dies wurde im allgemeinen geschwiegen. Gleichgültig zu welcher sozialen Schicht meine Gesprächspartner gehörten, dieses Thema wurde zumeist ausgeklammert. Diese Periode der deutschen Geschichte war ein blinder Fleck.

Das galt nicht für die Zeit des Krieges. Oft berichteten mir Männer von ihren Feldzügen, von ihren Siegen in Frankreich, Polen, dem Einmarsch in die Sowjetunion, von der Zeit ihrer Gefangenschaft. Auch Frauen schienen immer noch stark betroffen von den Qualen der Kriegszeit. Sie erzählten von ihrer Flucht und davon, wie schwer sie es gehabt hatten, sich und ihre Kinder aus all den Gefahren des Krieges herauszuretten.

Hier und da traf ich allerdings auch Leute, darunter sogar Kriegsinvaliden, die von der Blütezeit des Nationalsozialismus, von Hitler, den tapferen deutschen Generälen und Offizieren, von der Olympiade in Berlin und den deutschen Siegen über die Nachbarländer schwärmten. Sie bedauerten die schlimme und bittere Niederlage, die sie dem Verrat der Verbündeten und auch einigen Mitarbeitern Hitlers in die Schuhe schoben. Ich war völlig ahnungslos, und ich muß zugeben, daß ihre Schilderungen mich doch stark beeindruckten. Hitler habe einem ökonomisch und militärisch zerrütteten, einem nach dem Ersten Weltkrieg gedemütigten Land zu Wohlstand, Ruhm, nationalem Selbstbewußtsein und kultureller Identität verholfen, er habe die Arbeitslosigkeit beseitigt, die Produktion gesteigert, die verlorenen Gebiete wieder zurückerobert, sagten sie. Der Zufall wollte, daß ich auch den Sohn von Hitlers Außenminister von Ribbentrop kennenlernte. Er war befreundet mit einer Mitschülerin von mir, in die ich mich verliebt hatte. Durch sie lernten wir uns kennen, fuhren zusammen für ein paar Wochen nach London. Er schenkte mir Hitlers «Mein Kampf», führte mich auch in Nazikreise ein, die alle der Vergangenheit und, wie sie sagten, der «Glanzzeit der deutschen Geschichte» nachtrauerten. Mit großer Bewunderung erzählten sie von der außergewöhnlichen Persönlichkeit des «Führers», wie sie Hitler nannten, von seiner Intelligenz, seinen seltenen Begabungen als Volkstribun, Heeresführer und vor allem als Redner. Daß dies nur einen geringen Teil der Wahrheit, vermischt mit Übertreibungen, enthielt, wußte ich damals nicht. Ich nehme an, daß meine Mitschüler auch nicht viel besser informiert waren als ich.

«DAS SCHWEIGEN
IST WIE EIN FLUCH
AUF UNSEREM LAND»

2. Februar 1988

Liebe Leila,

die Parallelen, die Du zwischen dem Deutschland unter Hitler und Iran unter Chomeini ziehst, sind meiner Ansicht nach nicht abwegig, obwohl es da auch grundsätzliche Unterschiede gibt, die man nicht übersehen darf. Mich beschäftigt seit langem die Frage, wie es möglich ist, daß die Völker sich immer wieder von Demagogen verführen und zu unglaublichen Verbrechen verleiten lassen. Ist es denn tatsächlich der Mangel an Bildung und Intelligenz, der die Verdummung von Millionen möglich macht? Ich glaube kaum. Denn es waren doch nicht nur Analphabeten und politisch ungeschulte Bürger, die Hitler oder Mussolini, Franco oder Stalin und Pol Pot gefolgt sind. Was da fehlt ist, glaube ich, die demokratische Tradition und der Sinn für Humanität. Solange dies nicht erreicht und gewährleistet ist, läuft jedes Volk Gefahr – insbesondere in Krisenzeiten –, sich einem demagogischen Führer und einer menschenfeindlichen Ideologie zu unterwerfen, unabhängig vom Bildungsstand. Dieser Grundsatz scheint mir auch für die Geschichte der Bundesrepublik bedeutend zu sein. Die Frage ist also, inwieweit es den Deutschen gelungen ist, im Laufe der vergangenen vierzig Jahre den Sinn für Demokratie und Humanität unter den Bürgern zu schärfen.

Das Hitlerregime wurde nicht durch die Deutschen selbst zu Fall gebracht, ein allgemeiner Aufstand gegen die Barbarei der Nationalsozialisten hatte nicht stattgefunden. So wurde der Sieg der Alliierten über den Hitlerfaschismus als eine nationale Niederlage, eine Niederlage des gesamten Volkes empfunden. Der Wiederaufbau Westdeutschlands vollzog sich unter der Schirmherrschaft der Westmächte so rasch, daß die Deutschen der fünfziger Jahre mit Zuversicht in die Zukunft blicken konnten. «Wohlstand für alle» hieß die Parole. Mit hochgekrempelten Ärmeln, einem bewundernswerten Fleiß und einer verbissenen Hartnäckigkeit machten sie sich fast ausnahmslos an die Arbeit, um das zerstörte Land wieder aufzubauen. Nahezu täglich veränderte sich das Bild der Städte. Bald wurden die Ruinen beseitigt, neu aufgebaute oder restaurierte Häuser, Straßen, Anlagen verwischten nach wenigen Jahren die Erinnerung an den Krieg. Innerhalb eines Jahrzehnts wurde der ersehnte Wohlstand erreicht. Allmählich konnten die Bürger der Bundesrepublik wieder mit Stolz auf ihr Land blicken. Die Gebückten und durch Gefangenschaft und Niederlage Gedemütigten gingen wieder aufrecht. Nur eine kleine Minderheit von Künstlern, Schriftstellern, Intellektuellen fühlte sich in der Gemeinschaft der Neu-Zufriedenen nicht so recht wohl – war nicht bereit, die Greuel zu vergessen.

Ich studierte in Tübingen, einer alten Universitätsstadt, die von Professoren beherrscht wurde. Das Fußvolk bildeten die Studenten, ein paar Metzger, Bäcker, Lebensmittelhändler. Industrie gab es wenig. So konnten wir uns dort fernab des bundesrepublikanischen Alltags mehr oder minder geistigen und schöngeistigen Problemen und Genüssen widmen. Ich las Kafka, Camus, Sartre, Rilke, Benn und vor allem Hölderlin. Oft saß ich mit Barbara, meiner Geliebten – später haben wir geheiratet –, auf der Mauer am Neckar, neben dem Hölderlinturm und trug ihr Gedichte dieses vielleicht größten deutschen Lyrikers vor. «Mit gelben Birnen hänget und voll mit wilden Rosen, das Land in den See... Die Mauern stehen sprachlos und kalt, im Winde klirren die Fahnen.»

Die Studenten in Tübingen waren im allgemeinen sehr angepaßt. Eingeschüchtert durch die alles überragende Autorität der Professoren, besuchten sie regelmäßig ihre Vorlesungen und Seminare. Politisches Engagement fand man nur bei wenigen Studenten, von den Professoren kannte ich keinen einzigen, der politisch aktiv gewesen wäre. Politik wurde nach den Erfahrungen der Nazizeit als etwas Anrüchiges, ja Schmutziges empfunden; man überließ sie lieber Berufspolitikern.

Die einzige praktische Aktivität, die während meiner Studienzeit von Bedeutung war, richtete sich gegen die geplante atomare Bewaffnung der Bundeswehr. Als 1957 die Pläne hierzu bekannt wurden, fotokopierten wir in Tübingen Wolfgang Borcherts «Sag nein», sammelten einige hundert Unterschriften, schickten diese zum Abdruck an die «Frankfurter Allgemeine Zeitung», selbstverständlich ohne Erfolg. Es gelang uns, eine relativ große Protestdemonstration auf die Beine zu stellen, was für die damals in Tübingen herrschende idyllische Atmosphäre recht ungewöhnlich war. Ähnliche Protestaktionen, zum Teil weit heftiger als die in Tübingen, fanden damals an vielen Orten der Bundesrepublik statt.

Aufgeweckte Studenten widmeten sich damals eher der geistig-kulturellen Auseinandersetzung, beschäftigten sich mit Heidegger, Jaspers, Sartre, der Existenz- und Lebensphilosophie, mit Jazz und Picasso.

Abends saßen wir in Studentenkneipen, in Jazzkellern oder stiegen mit ein paar Flaschen Wein oder Most auf einen der Tübingen umgebenden Hügel und diskutierten bis zum Sonnenaufgang über die Probleme des «Seins», über moderne Kunst und Literatur.

Die evangelische Studentengemeinde hatte für Interessierte einen Literaturkreis gebildet, den ich zu meinem großen Stolz zwei Semester lang leiten durfte. Ein Ausländer als Leiter eines Literaturkreises war für damalige Zeiten schon eine Seltenheit.

Der Studentenpfarrer dieser Gemeinde, ein sensibler, intelligenter Mann, ließ mich bei unseren häufigen Gesprächen manchmal hinter die Kulissen der bundesrepublikanischen Gesellschaft schauen. Er war sehr gut informiert, ein entschiedener Antifaschist, nicht etwa aufgrund einer linksorientierten Ideologie, er war bis tief ins innerste Wesen ein Moralist und stand auch aus demselben Grund mit seiner eigenen Kirche auf Kriegsfuß. Ich erinnere mich lebhaft an ein Nachtgespräch mit ihm, darum hier die recht genaue Rekonstruktion des damaligen Gesprächs:

«Laß dich nicht blenden von der glänzenden Fassade, laß dich nicht irreführen von den verlogenen Sprüchen, die hier die Politiker im Mund führen», sagte er an jenem Abend. «Weißt du überhaupt, was sich vor kaum zwanzig Jahren hier in diesem Land abgespielt hat?»

Wir saßen in seiner Bibliothek. Vier Wände, fast bis zur Decke bedeckt mit Büchern, vor dem Fenster ein Schreibtisch, auf dem ein Dutzend vollgeschriebener Blätter lagen, neben dem Kamin drei Sessel um einen kleinen runden Tisch. Der Aschenbecher war überhäuft mit Zigarettenstummeln. Der Pfarrer sah blaß aus. Wir hatten schon die zweite Weinflasche geleert. «Wir Deutschen haben sechs Millionen Juden umgebracht, sechs Millionen! Weißt du, was das heißt? Damit aber nicht genug. Millionen Russen, Polen, Tschechen, ja auch deutsche Kommunisten, Sozialdemokraten, aufrechte Christen sind der rassistischen Wahnidee der Faschisten geopfert worden – und heute? Heute leben wir wieder in Wohlstand, haben das ganze Wirtschaftswunder vollbracht, haben wieder Kasernen gebaut, Männer in Uniformen gesteckt und würden am liebsten sogar noch zu Atomwaffen greifen. Ich kann nicht begreifen, daß ein Volk so mit sich und der eigenen Geschichte umgeht.»

Ich hatte inzwischen doch einiges über das Dritte Reich erfahren, hatte von der Verfolgung der Juden, den Verbrechen des Hitlerregimes gehört. Allerdings waren mir weder das Ausmaß noch die Details einzelner Vorgänge bewußt. Für mich stellte das Dritte Reich eine Katastrophe dar, wie sie innerhalb der historischen Entwicklung vieler Länder zu finden war, auch in der iranischen Geschichte.

«Schau dir die Geschichte der anderen Länder an», erwiderte ich. «Überall hat es doch Diktatoren gegeben, die ungeheure Verbrechen begangen haben. Deutschland bildet sicherlich keine Ausnahme. Wie viele Despoten gibt es heute auf der Welt, die ihre Widersacher foltern und erschießen lassen. Und meistens versuchen doch diese Machthaber, ihre Herrschaft durch eine Ideologie zu legitimieren. Hitler versuchte es mit dem Faschismus. Das kannst du aber den Völkern nicht zur Last legen. Nimm zum Beispiel den Iran. Erst als der alte Schah – ein Sympathisant Hitlers, der ebenfalls den Nationalsozialismus propagierte – von den Alliierten gestürzt worden war, erfuhr die Öffentlichkeit von den Greueltaten, den Folterungen in den Gefängnissen...»

«Das trifft aber auf Deutschland nicht zu», unterbrach er mich. «Schon ab April 1933 wußten wir, wie die politischen Gegner des Hitlerregimes gefoltert und ermordet wurden. Niemand in Deutschland kann ernsthaft behaupten, von der Errichtung von Konzentrationslagern und Gaskammern nichts gewußt zu haben. Dazu waren zu viele Instanzen und Menschen daran beteiligt. Wir alle haben doch mit eigenen Augen mitangesehen, wie nach der Reichskristallnacht die Pogrome gegen die Juden einsetzten. Die Deportationen von Juden ab 1940 haben doch nicht im geheimen oder bei Nacht und Nebel stattgefunden, sondern am hellichten Tag. Und glaubst du, daß man damals in Deutschland nichts von der Wannseekonferenz gehört hat, auf der die «Endlösung der Judenfrage in Europa» beschlossen wurde? Die Behauptung, die Deutschen hätten von alledem nichts gewußt, ist eine glatte Lüge... Was aber die Sache wesentlich schlimmer macht, ist die Tatsache, daß die schweigende Mehrheit der Bevölkerung den Nazis zugestimmt und ihre rassistische Ideologie tatkräftig unterstützt hat.»

Ich erinnere mich, daß der Pfarrer außer sich war; er redete wirr, zusammenhanglose Sätze, wie von Sinnen. «Berge von Gold, von den Zähnen der Vergasten, Seife aus Menschenfett, Bürsten aus Menschenhaaren», schrie er. «Über all dies ist nun längst Gras gewachsen. Stelle dir vor, eines Tages würden alle diese Menschen, die wir in bestialischer Weise in Dachau, Auschwitz, Bergen-Belsen, in den Gaskammern, in vielen psychiatrischen Anstalten zu Tode gequält haben, wiederauferstehen und uns fragen, wie wir so schnell mit all den Verbrechen fertig werden konnten, wie wir nach so kurzer Zeit so unbeschwert und zufrieden weiterleben können! Selbst wenn die Leute hier nur ein Zehntel, ein Hundertstel, ein Tausendstel des Geschehens mitangesehen und erlebt haben, müßten sie doch jetzt vor Scham- und Schuldgefühl keine ruhige Nacht mehr verbringen können.»

«Aber ich habe doch hier mit vielen Menschen gesprochen, auch mit älteren», wandte ich ein. «Viele geben zu, daß sie ein Parteiabzeichen getragen haben, nicht aus Überzeugung, sondern aus Angst, aus dem natürlichen Wunsch heraus, weiter arbeiten und leben zu können. Du weißt doch, wer damals die Mitgliedschaft der Partei verweigert und die Nazis nicht unterstützt hätte, hätte sich verdächtig gemacht. Und später mußten Millionen in den Krieg ziehen. Du willst doch nicht behaupten, daß sie dies freiwillig getan haben. Zum Widerstand, dazu noch gegen ein perfekt organisiertes System, gehört viel Mut. Es gibt kein Volk, das aus lauter Helden besteht. Nur wenige Menschen sind bereit, ihr Leben im Kampf gegen ein despotisches Regime zu riskieren. Die meisten wollen einfach weiterleben. Dafür gehen sie bereitwillig Kompromisse ein, verschließen Augen und Ohren, sie wollen nicht auffallen, wollen keine Repressalien in Kauf nehmen. Da bilden die Deutschen keine Ausnahme. Davon abgesehen, der Krieg ist nun lange vorbei, die Nazizeit auch. Was sollen nun die Deutschen deiner Ansicht nach tun? Sollen sie ewige Trauerfeiern veranstalten, die Hände in den Schoß legen und die Toten beweinen? Es ist doch verständlich, daß sie nach all den schweren Jahren, nach dem totalen Zusammenbruch ihres Landes, wieder in Frieden und Wohlstand leben wollen.»

«Glaube ihnen nicht», sagte der Pfarrer. «Sie belügen dich genauso, wie sie ihre eigenen Söhne und Töchter belügen. Die meisten sind nicht aus Opportunismus und des eigenen Vorteils wegen in die Partei eingetreten, sondern aus Überzeugung. Und das ist das Entscheidende. Sei sicher, viele haben aktiv mitgewirkt, weil Hitler ihnen aus der Seele sprach, weil sie ihn liebten und bewunderten. Millionen Frauen und Männer waren hingerissen von der Idee, einer reinen, privilegierten, erhabenen Rasse anzugehören, das Recht zu haben, die ganze Welt zu beherrschen. ‹Deutschland, Deutschland über alles›, haben sie aus voller Kehle gesungen. Nein, ich will nicht, daß sie Trauerfeiern veranstalten, doch Trauer und Scham sollten sie schon empfinden, sie sollten zumindest ihre Taten bereuen und die Verantwortlichen für ihre Verbrechen bestrafen. Gut, ein paar Repräsentanten wurden nach dem Krieg in Nürnberg zur Rechenschaft gezogen – und dies auch noch auf Initiative der Alliierten hin. Aber schaue dir doch die Elite in der Bundesrepublik an. Politiker, Militärs, Unternehmer, Juristen, höhere Beamte, viele von ihnen sind dieselben, die auch in der Nazizeit gleiche oder ähnliche Positionen innehatten. Ist das nicht unglaublich?» – «Wenn das stimmt», sagte ich, «dann müßt ihr das doch veröffentlichen. Die Bundesrepublik ist ein demokratisches Land, hier wird das Recht auf freie Meinungsäußerung akzeptiert. Warum werden diese Fragen nicht öffentlich diskutiert?»

«Natürlich kannst du hier deine Meinung äußern», antwortete der Pfarrer. «Abhandlungen über das Dritte Reich, kritische Äußerungen, Augenzeugenberichte der Betroffenen und Verfolgten gibt es ja schon zur Genüge. Aber die Beteiligten, die, die das Hitlerregime mitgetragen und seinen Fortbestand ermöglicht haben, hüllen sich in Schweigen. Das ist gespenstisch. Unter den kleinen und großen Altnazis besteht ein allgemeiner Konsens darüber, daß diese Epoche der deutschen Geschichte einfach ausgeklammert wird. Und diese stillschweigend getroffene Vereinbarung wird nicht nur in den Massenmedien, sondern auch bis in den engsten Familienkreis hinein befolgt. Ich erwähnte es schon, daß die Eltern auch ihren Kindern gegenüber schweigen und ihnen nichts von alle dem mitteilen, was sie selbst erlebt und getan haben. Es ist einfach so, als ob in irgendeiner Stadt die Pest ausgebrochen wäre und die Infizierten den Gesunden nichts von ihrer Krankheit erzählen, um mit ihnen weiterleben zu können. Mir ist dieser Zustand unbegreiflich. Dieses Schweigen ist wie ein Fluch, der nach der Naziherrschaft unser Land heimgesucht hat.»

«Und was war mit den Siegermächten?» fragte ich. «Diese hätten doch daran interessiert sein müssen, den Faschismus nicht nur militärisch, sondern auch ideologisch zu besiegen. Haben sie nicht alles aufdecken und für die Bestrafung der Nazis sorgen können?»

«Die Siegermächte sind mitschuldig daran, daß der Faschismus hier nicht ausgerottet wurde. Der Kalte Krieg, der nach der Niederlage Deutschlands begann, die Feindschaft zwischen Ost und West, ließ ihnen keine Zeit dazu. Du siehst doch, wie stark der Antikommunismus hierzulande ist. Nicht daß ich die Kommunisten besonders schätzen würde. Aber vor allem die Amerikaner haben sich dafür eingesetzt, daß der Antisemitismus hier im Westen sich reibungslos und ungeschoren in einen Antikommunismus verwandeln konnte. Sie brauchten die Deutschen, um das westliche Lager gegen die Mächte hinter dem «Eisernen Vorhang» zu stärken. So konnten überzeugte Nazis, die ja auch eingeschworene Feinde der Bolschewisten waren, wie Globke und andere, sich straflos hinüberretten und in der neugegründeten Republik abermals Schlüsselpositionen einnehmen.»

Das Gespräch dauerte sehr lange. Der Pfarrer berichtete mir vom täglichen Leben im Dritten Reich, von Verfolgungen, Bücherverbrennungen, dem Verbot der «entarteten Kunst», von Aufmärschen, Massendemonstrationen. Bis heute erinnere ich mich an meine Stimmung, als ich die Wohnung des Pfarrers verließ: unsagbar fremd und einsam. Selbst der Neckar, der sich jetzt am frühen Morgen unter der gerade aufgehenden Sonne sanft und gelassen in die grünende Landschaft schmiegte, konnte meine innere Unruhe und Wut nicht besänftigen.

Es war nicht nur der Studentenpfarrer, der seinen Unmut über die Vergangenheit und Gegenwart der Deutschen äußerte. Ende der fünfziger Jahre begannen in Kreisen der Intellektuellen kritische Stimmen laut zu werden. Viele von ihnen empfanden den neuen Konsumrausch, mit dem, wie sie sagten, die Mitschuld an der Vergangenheit verdrängt wurde, als unerträglich. Es waren zum Teil Menschen, die selbst unter den Nazis Widerstand geleistet hatten und nun mitansehen mußten, wie ihre Hoffnungen auf eine bessere, humanere Gesellschaft enttäuscht wurden.

Auch unter den Jugendlichen begann sich allmählich Unruhe und Unzufriedenheit auszubreiten. Sie merkten, wie es ihren Eltern gelungen war, mehr als zwei Jahrzehnte lang historische Tatsachen unter den Teppich zu kehren, sie fühlten sich betrogen, Zorn stieg in ihnen auf gegen familiären Mief, gegen vollgestopfte Kühlschränke, modern eingerichtete Wohnungen, gegen die grenzenlose neue Liebe zum Auto, das rastlose Schaffen für ein Eigenheim. Aber dieser Zorn hatte noch keine direkte politische Zielsetzung, er bildete vielmehr die Basis für einen kulturellen Hausputz. Der ganze kulturelle Plunder der Nachkriegszeit, der sich überall in den Familien, an Schulen und Universitäten, in der Musik, den Kinos und allen Bereichen des Alltags eingenistet hatte, sollte auf den Müllhaufen geworfen werden.

Das war ein Signal für die Kultur- und Unterhaltungsindustrie. Sie empfing die Verweigerer mit offenen Armen, schuf Freiräume, in denen sich die Protestierenden austoben und ihren Zorn hinausschreien konnten. Rock 'n' Roll, Elvis Presley, Louis Armstrong, importiert aus den USA, zogen die Jugend in ihren Bann.

Die Eltern, aufgeschreckt durch die Mißtöne, gingen der Herausforderung ihrer nun erwachsenen Kinder aus dem Weg. Gerührt und vergnügt lauschten sie ihren schnulzigen Sängern: Vico Torriani, Catarina Valente, oder schauten sich im Fernsehen und Kino Filme mit Curd Jürgens und O. W. Fischer an und waren glücklich, wenn Willy Birgel für Deutschland ritt. Sie wollten sich ihre Welt, die sie sich nach dem Krieg Stein auf Stein zusammengebastelt hatten, nicht durch «Halbstarke» und «Rowdies» madig machen lassen. Die Neinsager wurden massiv an den Rand gedrängt. Die Mitte wehrte sich, sie wurde geführt von Politikern, Parteien, Gewerkschaften, Journalisten, Richtern, Bischöfen und getragen von einer zufriedenen, konsumierenden, antikommunistisch und proamerikanisch orientierten Gesellschaft. Stolz auf die jährliche Steigerung der Produktion und des Lebensstandards, schauten sie verächtlich auf die eigenen Landsleute im Osten herab, die es unter den Russen zu nichts gebracht hätten. Das war mir besonders aufgefallen: die mitleidige Hochnäsigkeit, mit der die Landsleute in der DDR gesehen wurden – vielleicht war das allgemein menschlich und wäre bei uns sehr ähnlich gewesen, aber mich befremdet diese Haltung bis heute.

Es entstanden in dem großen Ozean der Mitte kleinere, kaum sichtbare Inseln, auf die alle «Nörgler», «Pinscher», «Nestbeschmutzer» verbannt wurden. Die Verbannung, die allmählich zu einer Polarisierung der Gesellschaft führte, bildete die Basis für die Revolte der sechziger Jahre.

«UND MEHRET DEN GEWINN
MIT ORDNENDEM SINN»

15. Februar 1988

Liebe Leila,

heute sind die Zeitungen voll von Berichten über den österreichischen Staatspräsidenten Waldheim. Waldheim, das hat nun eine offiziell eingesetzte Historikerkommission nachgewiesen, ist ein Lügner. Er muß gewußt haben, daß griechische Juden in über zwanzig Transporten nach Auschwitz verfrachtet worden waren; er war über Vergeltungsmaßnahmen der deutschen Wehrmacht gegen griechische und jugoslawische Partisanen, über die Ausrottung von ganzen Bevölkerungsgruppen, über Massenhinrichtungen von italienischen Soldaten und ihre Verbannung in Arbeitslager, das unbeschreibliche Massaker an Tausenden von Jugoslawen, darunter Frauen, Greise und Kinder, sehr wohl unterrichtet. Waldheim streitet alle diese Tatsachen ab. Er gehört zu jener älteren Generation der Nazis, die die Lüge und das Schweigen über ihre eigene Vergangenheit lieber mit ins Grab nehmen, als sie, wenigstens an ihrem Lebensabend, zugunsten der Wahrheit preiszugeben. Für mich ist aber das Unerträgliche an Waldheims Verhalten nicht in erster Linie die Hartnäckigkeit, mit der er am Präsidentenstuhl festhält, sondern die ständige Wiederholung der Behauptung, er könne sich nicht mehr an Deportationen, Hinrichtungen, Folterungen erinnern. Die Vorgänge lägen bald fünfzig Jahre zurück, man müsse dafür Verständnis haben, daß sie nach so langer Zeit aus dem Gedächtnis verschwinden.

Kannst Du Dir vorstellen, Zeuge dieser unvorstellbaren Brutalitäten gewesen zu sein und sie später zu vergessen? Es handelt sich doch nicht um eine gewöhnliche Urlaubsreise, eine unbedeutende Begegnung, eine belanglose Auseinandersetzung, die man mit der Zeit vergessen könnte. Das sind doch schockierende Vorgänge, die nicht nur im Gedächtnis haften bleiben, die Erinnerung müßte sich doch in allen Gliedern, im Rückenmark, in allen Adern festsetzen und niemals auslöschen lassen.

Waldheim behauptet, er könne sich an diese Szenen nicht mehr erinnern. Damit räumt er die Möglichkeit ein, zwar die Verbrechen miterlebt und mitangesehen, sie aber inzwischen vergessen zu haben. Unerträglich ist es aber auch, daß die Mehrheit der österreichischen Bevölkerung hinter einem Menschen steht, der als Offizier der deutschen Wehrmacht den Nazis in brutaler Weise gedient hat. Als die Vergangenheit Waldheims während der Präsidentschaftswahlen der Öffentlichkeit bekannt wurde, da sagte die Mehrheit der Österreicher: «Jetzt erst recht.» Wie ist es möglich, frage ich mich, daß historische Erfahrungen so wenig reflektiert und wahrgenommen werden? Oder haben diese Österreicher Waldheim gewählt, weil er tatsächlich einer von ihnen ist?

Ich bin 1960 nach Abschluß meines Studiums in den Iran zurückgekehrt – wie Du Dir vorstellen kannst, mit einem gespaltenen Verhältnis zur Bundesrepublik.

Im Iran lebten damals zahlreiche Deutsche. Facharbeiter, Techniker, Unternehmer, Kaufleute und viele Frauen, die mit Iranern verheiratet waren. In Teheran gab es eine beachtliche deutsche Kolonie, die sich um die deutsche Botschaft, das Goethe-Institut, die deutsche Schule und die evangelische Kirche scharte.

Ich hatte nun etliche Jahre als Ausländer in der Bundesrepublik verbracht, hatte die Deutschen in ihrer Heimat kennengelernt und war sehr gespannt darauf, wie Deutsche sich in einem fremden Land verhalten, wie sich vor allem auch mein Verhältnis zu ihnen, die nun für mich die Ausländer waren, entwickeln würde. Da ich wußte, wie man sich als Fremder fühlt, wie sehr man zum Verständnis einer fremden Welt die Unterstützung der Einheimischen benötigt, hatte ich mir fest vorgenommen, den Deutschen zu helfen. Das aber war schwieriger, als ich dachte.

Schon bei meinem Aufenthalt in der Bundesrepublik hatte ich zahlreiche Anekdoten über das Verhalten der Deutschen im Ausland gehört. Ein Mangel an Weltoffenheit, Kleinkariertheit und Provinzialität wurde den Deutschen nachgesagt. Das berühmte, mit Leberwurst oder Käse beschmierte Butterbrot, das sie angeblich bei jeder passenden oder unpassenden Gelegenheit aus der Reisetasche herausholen, oder daß sie im Flugzeug oder in Restaurants die Reste der Eßwaren, die sie bezahlt, aber nicht zu Ende verspeist hätten, in eine Serviette einpakken und mitnähmen – ein Klischee der Kriegs- und Nachkriegsjahre. Aber ähnliche Gewohnheiten habe ich auch damals bei den Deutschen im Iran beobachtet.

Doch was die Annäherung im wesentlichen erschwerte, war der Umstand, daß diese Deutschen, selbst wenn sie sich im fremden Land aufhielten, ihre Gewohnheiten und nationalen Eigenarten sehr intensiv pflegten und wenig bereit schienen, sich der neuen Umgebung anzupassen. Das hat sich inzwischen durch den Massentourismus und die häufigen Reisen ins Ausland gemildert. Doch immer noch gibt es Reiseunternehmen, die gerade deshalb auf zahlreiche Kunden zählen können, weil sie den Touristen im Ausland, in Spanien, Italien, Griechenland und anderswo ein kleines Stück Deutschland – deutsche Speiselokale, deutsches Bier, deutsches Hotelpersonal – anbieten können. Auslandsreisen sind für Westeuropäer ein Massenphänomen geworden. Die Reisekultur des Großbürgertums – wahrlich auch nicht ohne Hochnäsigkeit und herablassende Neugier – gehört der Vergangenheit an.

Auch viele Deutsche, die ich in Teheran kennenlernte, verhielten sich wie Neureiche. Der gehobene Lebensstandard, den sie durch den Aufenthalt im Ausland erreicht hatten, hatte sie in eine Rolle versetzt, der sie nicht gewachsen waren. Ein Techniker, Facharbeiter, Handelsvertreter, der in der Bundesrepublik in einer Kleinstadt mit seiner Familie eine Dreizimmerwohnung bewohnt hatte und relativ sparsam und eingeschränkt zu leben hatte, fühlte sich in Teheran durch hohes Einkommen, ein großes Haus mit Garten und Swimmingpool, Dienstpersonal, ein oder zwei Autos und den Umgang mit Diplomaten der «High-Society» zugehörig, was oft zu einer unerträglichen und nicht selten kuriosen Überheblichkeit den Einheimischen gegenüber führte.

Ich kannte einen Lehrer, der seinen Hund «Perser» getauft hatte. Du weißt, wie beleidigend dies für alle Muslims ist. Hunde symbolisieren, vor allem in der Vorstellung der Gläubigen, das Unreine, die schlimmsten Schimpfworte beziehen sich auf Hunde. Der Lehrer begründete die Namensgebung damit, daß er den Hund im Iran erworben habe. Welch eine Ignoranz und Mißachtung des Gastlandes!

Solches Gehabe und der Versuch, sich in einem Entwicklungsland als Herr und Gebieter aufzuspielen, stand diesem Kleinbürgertum schlecht zu Gesicht und forderte nicht selten das Gespött der Beobachter heraus. Du hast recht, wenn Du mir entgegnest, daß das Verhalten der Engländer, Franzosen und Amerikaner auch nicht viel besser ist. Diese Beleidigungen der Einheimischen wirken viel tiefer als die ökonomische Ausbeutung. Es stauen sich dabei Aggressionen auf, die sich irgendwann als offener Haß und irrationale Rachegefühle entladen. Ich habe dies 1979 bei den Demonstrationen während des iranischen Volksaufstands sehr deutlich beobachtet.

Durch meine Tätigkeit als Lehrer am Goethe-Institut und an der deutschen Schule nahm ich manchmal an den Cocktailparties der deutschen Botschaft oder des Goethe-Instituts teil. Die Konversation der geladenen Gäste stand oft im krassen Widerspruch zu ihrer vornehmen Kleidung, dem aristokratisch aufgetischten Buffet und den teuren Getränken. Die Damen witzelten über ihr Dienstpersonal und brachen dabei oft in schallendes Gelächter aus, die Herren beklagten den Mangel an Disziplin und Ordnung bei den Iranern. «Das wäre bei uns in Deutschland undenkbar», war ein häufiger Satz. Sie hatten ja auch recht damit. Diese Eigenschaften sind nirgends so ausgeprägt wie bei den Deutschen, bei den Iranern gibt es in dieser Hinsicht vielleicht tatsächlich einiges nachzuholen. Zu bemängeln war außerdem, daß die Damen und Herren sich selten aus ihrem Ghetto heraustrauten, sich kaum Mühe gaben, das Land, in dem sie sich wohl oder übel aufhielten, genau kennenzulernen. Ich meine nicht die Besichtigung von Landschaften, Städten, historischen Bauten und sonstigen Sehenswürdigkeiten. Daran waren die Deutschen sehr interessiert. Deutsche Touristen reisen selten unvorbereitet, fast nie ohne historische, kunstgeschichtliche Abhandlungen, Reiseführer über das Land, in das sie fahren. Was sie aber selten tun – das zeigten zumindest meine Beobachtungen –, ist der Versuch, sich in die Seele fremder Völker hineinzuversetzen, diese wirklich zu begreifen, ihre Gewohnheiten, Verhaltensweisen zu verstehen und sie sich auch teilweise anzueignen.

Unter den Deutschen, die ich im Iran traf, gab es viele, die sich bewußt und mit großer Mühe weigerten, die so völlig anders geartete iranische Kultur auf sich wirken zu lassen und sich ihr gegenüber offen zu verhalten. Um ihre Häuser spürte man Mauern kultureller und nationaler Abgrenzung. Abgeschirmt von der Außenwelt, versuchten sie in ihrem Privatleben ein kleines Stück Deutschland aufzubauen. Die meisten von ihnen, selbst die, die sich jahrelang im Iran aufhielten, glaubten auf die Kenntnis der Landessprache verzichten und sich mit wenigen Wörtern und Satzbrocken begnügen zu können.

Selbstverständlich trifft dies, wie auch das, was ich Dir sonst schreibe, nicht auf alle Deutschen zu. Ich habe in Teheran auch Deutsche kennengelernt, die sich mit größtem Einfühlungsvermögen mit dem Land beschäftigten, sich auch helfend und selbstlos einsetzten, wenn sie gebraucht wurden. Ein Ehepaar, mit dem ich heute noch befreundet bin, hatte ein gut funktionierendes soziales Netz aufgebaut, wodurch viele Kranke behandelt und Mittellose aus ihrer Armut herausgeholt wurden. Es gab auch Deutsche, die sehr engagiert und aktiv an der Auseinandersetzung der iranischen Intelligenz mit den westlichen Kultureinflüssen teilnahmen. Gerade von diesen Menschen habe ich viel gelernt. Ihre kritischen Urteile über den Iran waren für mich sehr lehrreich; der Umgang mit ihnen, die Streitgespräche und Diskussionen, die wir führten, öffneten mir die Augen für Probleme des Landes, die ich als Einheimischer bis dahin übersehen hatte.

Es gehört ja zu den herausragenden Vorzügen der Deutschen, daß sie, wenn sie sich einer Sache widmen, dies auch gründlich tun. Ausländer bemängeln bei den

Deutschen oft einen Hang zur Besserwisserei, eine Neigung, sich lehrerhaft zu verhalten. Das entspricht auch meinen Beobachtungen. Doch dieses Verhalten ist nicht ganz unbegründet, denn meistens wissen es die Deutschen tatsächlich besser. Wenn sie etwas erforschen, eine Aufgabe erfüllen sollen, tun sie dies mit einer erstaunlichen Korrektheit und Genauigkeit. Ohne diese Eigenschaft hätten sie ihr Land niemals in diesem Tempo wieder aufbauen und sich zu einem der wichtigsten Industrieländer der Welt entwickeln können. Natürlich wären diese Erfolge ohne das amerikanische Kapital nicht möglich gewesen. Aber auch ich muß der häufig geäußerten Ansicht zustimmen, daß ohne den Fleiß, das Leistungsvermögen, die Disziplin und Gründlichkeit der deutschen Arbeiter und Fachkräfte niemals innerhalb von zwanzig Jahren aus den Ruinen und Trümmern nagelneue Städte, Industrieanlagen, Straßen, Häfen entstanden wären.

Es ist eben ein zweischneidiges Schwert: Diese verbissene Gründlichkeit und diese Leistungsbesessenheit haben Vor- und Nachteile. Sie beschleunigen die Produktion, sichern den Wohlstand, gewähren materielle Sicherheit, sie zehren aber am Leben selbst, mindern die Beschaulichkeit, die Muße, die innere Ruhe, die Hingabe an Zufälle. Das ist, glaube ich, ein grundsätzlicher Unterschied zwischen uns und den Deutschen. Während wir uns mehr in unserer Gefühlswelt bewegen und uns oft von Emotionen leiten lassen, herrscht bei den Deutschen die Rationalität. So halten sie uns für dumm und primitiv, wir sie für gefühllos und unmenschlich. Diese abwertenden Bezeichnungen sind Folge der Unkenntnis der jeweiligen historischen Entwicklung, der unterschiedlichen Wertvorstellungen. Begriffe wie «Menschlichkeit» und «Moral» haben bei uns eine ganz andere Bedeutung als bei den Deutschen. Der ideale Menschentyp zeichnet sich hier aus durch eine ausgeprägte Individualität, durch rastloses Wirken und Schaffen, durch Erfüllung der Pflichten, durch Vernunft und Verstand.

«Den schlechten Mann muß man verachten,
Der nie bedacht, was er vollbringt.
Das ist's ja, was den Menschen zieret,
Und dazu ward ihm der Verstand,
Daß er im innern Herzen spüret,
Was er erschafft mit seiner Hand...»,

heißt es in Schillers «Lied von der Glocke». Auch das Anhäufen von Reichtum ist keine Schande, im Gegenteil:

«Und mehret den Gewinn
Mit ordnendem Sinn
Und füllet mit Schätzen die duftenden Laden...»,

empfiehlt Schiller.

Unsere Moral hingegen basiert auf Selbstlosigkeit, Selbstaufgabe, auf einem Sich-Auflösen in der «Allheit».

Würde ein Orientale ohne Kenntnis der Kantschen Ethik bei Schiller lesen:

«Gern dient' ich den Freunden, doch tu ich's mit Neigung,
Und so wurmt es mich oft, daß ich nicht tugendhaft bin»,

er würde diese Lebenshaltung nie begreifen können. Figuren wie *Faust, Prinz von Homburg, Wallenstein* kannst du in der persischen Literatur nicht finden. Dramen im Sinne der Darstellung menschlicher «Größe», der inneren Konflikte gibt es in unserer Literatur nicht. Die Figuren in den Heldensagen sind mehr Repräsentanten allgemein menschlicher Eigenschaften.

Wilhelm Worringer, ein deutscher Kunsthistoriker, hat meiner Ansicht nach treffend versucht, den Unterschied zwischen den beiden Welten mit dem Vergleich einer gotischen Kirche und einer islamischen Moschee darzustel-

len: die gotische Kirche, Sinnbild für das aufstrebende, zielbewußte Individuum, für das Ich, das als Subjekt der Geschichte im Zentrum des Weltgeschehens steht; die islamische Moschee als Symbol für das ewig Wiederkehrende, Schicksalhafte, in dem sich die Subjekte auflösen.
Diese historischen, philosophischen, ethischen Unterschiede spiegeln sich im alltäglichen Leben wider.
Es gibt hier Menschen, die ein Leben lang schuften und ackern, vierzig bis fünfzig Jahre ihres Lebens mit Arbeit verbringen, täglich in aller Herrgottsfrühe aufstehen, bis zum Abend arbeiten, nach Feierabend sich bei einem Glas Bier vor die Mattscheibe (wie hier das Fernsehen genannt wird) setzen und immer noch nicht mit ihrer Leistung zufrieden sind. Mit fünfundsechzig Jahren hören sie mit der Arbeit auf. Viele würden gern noch weiterarbeiten. Sie sind ausgepreßt, ausgetrocknet, was ihnen übrigbleibt, ist die Vorbereitung auf den Tod. Ich habe oft alte Menschen gefragt, wann sie wirklich gelebt haben, und erhielt keine befriedigende Antwort. Männer und Frauen, die aus der Arbeitswelt ausgeschlossen sind, fühlen sich überflüssig, auch ihre Umgebung, die Verwandten, Bekannten und Behörden vermitteln ihnen das Gefühl, daß sie nun nicht mehr gebraucht werden. Viele von ihnen werden in Altersheime gesteckt, in denen oft eine Kälte herrscht, die kaum auszuhalten ist. Meiner Empfindung nach ist der Umgang der bundesrepublikanischen Leistungsgesellschaft mit alten, arbeitsunfähigen Menschen zuweilen so verächtlich, daß sich für manche der Betroffenen vermutlich ihr Tod als Erlösung darstellt. Es ist in erster Linie nicht das Materielle, was diesen Menschen fehlt, sondern Wärme und Zuneigung, sie fühlen sich verlassen. Wenn man hier durch die Straßen geht, sieht man oft alte Frauen und Männer, die stundenlang, sich auf ein Kissen stützend, aus dem Fenster hinauslehnen, um ihrer Einsamkeit zu entrinnen. Selten bleibt jemand stehen, um

ein paar Worte mit ihnen zu wechseln. Es kommt vor, daß Menschen Tage oder gar Wochen nach ihrem Tod durch den Geruch ihrer verwesten Leichen in ihrer Wohnung entdeckt werden.

Ich kannte eine Frau, die hier in Berlin bei mir im Haus im ersten Stock wohnte. Sie war Verkäuferin in einem Kaufhaus gewesen. Durch das tägliche Stehen hatte sie Wasser in den Beinen. Sie hat ihre Arbeit aber bis zu ihrem fünfundsechzigsten Lebensjahr durchgehalten. Als sie endlich pensioniert wurde – ihr Mann, ein Fabrikarbeiter, war inzwischen gestorben –, konnte sie kaum mehr gehen. So saß sie tagsüber auf einem Stuhl, schaute aus dem Fenster hinaus auf den Hinterhof, um ihre Langeweile zu vertreiben. Sie hatte einen Sohn und zwei Töchter in Berlin. Diese hatten aber keine Zeit für sie, besuchten sie ganz selten, wie sie mir erzählte, ein- bis zweimal im Jahr. Einmal in der Woche ging sie mit großer Mühe, gestützt auf Krücken, zum Grab ihres Mannes. Das war die einzige Abwechslung in ihrem eintönigen Alltag. Sie führte ein unglaublich bescheidenes Rentnerinnendasein, mit jedem Pfennig mußte sie rechnen, um mit der geringen Rente, die sie erhielt, über die Runden kommen zu können. Ins Altersheim wollte sie nicht. Sie liebte ihre Wohnung, die Möbel, die Gegenstände, die die Erinnerung an alte Zeiten wachhielten. Dieses letzte Stück erstarrtes Leben wollte sie nicht aufgeben. Sie litt sehr an dem Mangel an Aufmerksamkeit seitens ihrer Kinder, Verwandten und jüngeren Kollegen, war glücklich, wenn jemand im Vorbeigehen durch den Hof wenigstens ein paar Worte an sie richtete ... Herzbeschwerden brachten sie schließlich ins Krankenhaus, wo sie nach wenigen Monaten starb.

Alte Menschen haben es hier, wenn sie nicht gerade wohlhabend sind, sehr schwer. Die Rente, die sie erhalten, erlaubt oft nur ein notdürftiges Dasein. Je schneller das Tempo des Alltags, desto weniger trauen sie sich aus dem Haus. U-Bahn und Busse halten zu kurz an den Stationen. Wenn sie die Straße überqueren wollen, müssen sie sich sehr beeilen, damit sie noch bei grüner Fußgängerampel die andere Straßenseite erreichen. Wenn sie einkaufen wollen, fassen sie schon vor der Kasse mit zitternden Händen in ihr Portemonnaie, um rasch bezahlen zu können, denn hinter ihnen steht eine Schlange von Leuten, die es eilig haben. Das Tempo drückt die alten Menschen immer mehr an den Rand, bis ins Grab.

IM EINKLANG MIT
DER OFFIZIELLEN MEINUNG

17. Februar 1988

Liebe Leila,

sicherlich trifft vieles, was ich über die Bundesrepublik schreibe, auf jede moderne Industriegesellschaft zu. Wahrscheinlich werden zum Beispiel alte Menschen, die aus dem Berufsleben scheiden, in Frankreich, England oder den USA nicht besser behandelt als hier. Man kann eben diese Gesellschaften nicht mit Ländern wie dem Iran, Ägypten oder Pakistan vergleichen, in denen die Familienbindungen noch sehr stark sind und die Menschen viel mehr Zeit füreinander haben. «Zeit ist Geld», sagt man hier. Daher geht man damit sehr sparsam um. Ich muß zugeben, daß auch ich mich inzwischen dieser Gesetzmäßigkeit unterworfen habe. Offenbar läßt es sich hier ohne einen Terminkalender nicht leben, und der ist bei allen meistens voll. Ich hoffe, Du weißt, was ein Terminkalender ist, denn dieses Wort existiert in unserer Sprache überhaupt nicht. Wer hat denn schon bei uns einen Terminkalender?

Der Aufenthalt in Teheran hatte allmählich die Erlebnisse des Alltags in der BRD aus meiner Erinnerung verdrängt. Es waren nur noch kulturelle Einflüsse übriggeblieben, die mir nun aus der Ferne um so wertvoller und unentbehrlicher erschienen. Du kannst Dir nicht vorstellen, wie ich mich plötzlich nach einem Beethoven-Abend mit Elly Ney in der Stuttgarter Liederhalle, nach einer Picasso-Ausstellung, dem Straßburger Münster oder einer Theateraufführung in Hamburg oder Berlin sehnte. Wieviel hätte ich zum Beispiel darum gegeben, mich ein paar Stunden in einer deutschen Bibliothek und noch mehr in einer deutschen Buchhandlung aufhalten zu können. Eine echte, gut ausgestattete deutsche Buchhandlung zählt für mich zu dem Schönsten, was die Bundesrepublik anzubieten hat. Du blätterst in den neuesten Erscheinungen, verkriechst dich in eine Ecke, setzt dich irgendwo auf einen Stuhl hinter einem Regal, liest ein paar Seiten, ein paar Gedichte, möchtest am liebsten viele Bücher mitnehmen, zählst dein Geld und kaufst schließlich eines oder zwei der Bücher, die du meinst, nicht entbehren zu können.

Oft saß ich mit Barbara an den heißen Sommerabenden auf unserem kleinen Balkon. Mit dem Blick auf die flimmernden Lichter der Dreimillionenstadt Teheran, hörten wir Bach, Mozart oder die Gedichte von Benn, Heine, Enzensberger, vorgetragen von Gerd Westphal.

Daß Barbara überhaupt nach Teheran kam – fast ein Jahr nach meiner Rückkehr –, hing vielleicht auch mit meiner Sehnsucht nach Deutschland zusammen. Wir waren lange Zeit miteinander befreundet gewesen, ihr verdankte ich den eigentlichen Zugang zu deutscher Kultur, sie repräsentierte für mich all das Schöne, das ich aus der Bundesrepublik in meiner Erinnerung aufbewahrt hatte. Eines Tages merkte ich, daß ich das Leben in Teheran ohne sie nicht aushielt, ich rief sie an, fragte sie, ob sie nach Teheran kommen und mich heiraten würde. Eine Woche danach feierten wir im Hause meiner Eltern unsere Hochzeit.

Damals war ich vierundzwanzig Jahre alt, es war mir bis dahin nicht gelungen, die kulturellen Einflüsse der so unterschiedlichen Welten so zu verarbeiten, daß sie miteinander in Einklang gebracht wurden. Ich führte ein kulturelles Zwitterdasein, konnte mich weder in der Bundesrepublik noch im Iran ganz wohl fühlen. Mich beschäftigte immer die Frage, ob man diese Unterschiede, die Widersprüche nicht durch eine intensive Auseinandersetzung mit beiden Welten, durch das Erkennen, Erleben, Einfühlen so verarbeiten könne, daß sie sich auf einer bestimmten Ebene nicht mehr widersprächen, sondern ergänzten, nicht nur individuell, sondern für ganze Gesellschaften. Wahrscheinlich wirst Du jetzt über mich lachen und mich als einen Idealisten abstempeln. Ich jedenfalls habe im Laufe der Jahre erfahren, daß man, zumindest individuell, diesem Ziel recht nah kommen kann. Auf dem Weg dahin gibt es viele Hindernisse, am meisten in den Ländern, in denen das starke Insistieren auf nationalen Grenzen der Kultur die Öffnung nach außen erschwert. Die Bundesrepublik – das fiel mir damals in Teheran besonders auf – gehört zu diesen Ländern.

Ich hatte die Gelegenheit, am Goethe-Institut deutsche Zeitungen und Zeitschriften zu sichten, und stellte bei der Lektüre immer wieder fest, wie national damals deutsche Medien orientiert waren. Eigentlich müßten die Leser den Eindruck gewinnen, die Bundesrepublik sei der Nabel der Welt. Ich denke, daß gerade diese nationale Orientierung, die sich nicht selten bis zur Provinzialität steigert, mit dazu beiträgt, daß die Bürger der Bundesrepublik jene Weltoffenheit vermissen lassen, die man von den Bürgern eines industriell und kulturell hochentwickelten Landes erwarten könnte. Für ein Land, das dazu noch stark exportorientiert ist, ist dies sicher ein Mangel. Verglichen mit anderen westlichen Ländern, hat die Bundesrepublik in dieser Hinsicht einiges nachzuholen. Zeitungen wie «Le Monde», «The Guardian», die «Neue Zürcher Zeitung» hat die deutsche Presse nicht zu bieten. Selbst bei der «Süddeutschen Zeitung», dem «Spiegel» oder der «FAZ» geht die Auseinandersetzung mit Problemen, die außerhalb bundesrepublikanischer Grenzen liegen, selten über einen gewissen Rahmen hinaus. Auch innenpolitisch scheint mir die hiesige Presse für ein demokratisches Land nicht kritisch genug zu sein. Das hier weitverbreitete Obrigkeitsdenken, die Staatstreue und die Achtung vor offiziellen Instanzen machen sich offensichtlich auch bei Journalisten bemerkbar. Die Verfassung der Bundesrepublik erkennt uneingeschränkt das Recht auf freie Meinungsäußerung an. Zwar gibt es hier und dort staatliche Eingriffe, diese sind aber selten. Dennoch ist die unabhängige Presse als Garant für Demokratie der offiziellen Innen- und vor allem Außenpolitik gegenüber zu wenig kritisch, sie ist oft dazu bereit, Selbstzensur zu üben, sie verhält sich vorsichtig, bohrt zu wenig nach, zeigt nicht genug Sensibilität für brisante politische, auch soziale und kulturelle Fragen, ergreift zu selten Partei für Minderheiten und Randgruppen. Ob es um Nuklearanlagen geht, bei denen man Unsicherheiten befürchtet, um Rüstungsfragen, Waffenexporte oder um Lärmbelästigung, Hausbesetzungen, Polizeieinsätze bei Demonstrationen, Prozesse gegen Mitglieder verbotener politischer Organisationen, Haftbedingungen für Gefangene – die großen Zeitungen befinden sich mit wenigen Ausnahmen im Einklang mit der offiziellen Meinung.

Empfindlich reagiert allerdings die liberale und fortschrittliche Presse, wenn verstummte Stimmen aus der Vergangenheit wieder laut werden, sei es bei neofaschistischen Gruppen oder bei konservativen Politikern. Gerade in solchen Fällen herrscht oft sogar eine Diskrepanz zwischen der veröffentlichten und der öffentlichen Meinung. Dies fiel mir besonders auf, als in den Jahren 1985/86 die «Stimme des Volkes» sich in beängstigender Weise gegen Flüchtlinge und Ausländer richtete. Damals wurden durch «spontan» gebildete Gruppen Flüchtlingsheime überfallen, Zelte verbrannt, sogar einige Ausländer auf offener Straße getötet. Die liberale Presse, ja selbst manche konservative Blätter mahnten zur Besonnenheit, wiesen auf Gefahren hin, die ein Kollektivhaß gegen Minderheiten in sich birgt. Ganz anders verhielten sich die Medien in den Jahren 1976 und 1977, als es um die Verfolgung bewaffneter Gruppen in der Bundesrepublik ging. Damals wehrte sich kaum eine Zeitung gegen den von der Regierung Schmidt praktisch eingeführten «Ausnahmezustand», es gab nur wenige Journalisten, die reflektierend sich mit den Zielen dieser Gruppen auseinandersetzten.

Ist dies vielleicht ein Indiz dafür, daß die Bundesrepublik zwar der Verfassung und dem Gesetz nach eines der demokratischsten Länder der Welt ist, das demokratische und kritische Bewußtsein aber unter den Bürgern nicht so weit gediehen ist, daß die öffentliche und veröffentlichte Meinung als Gleichgewicht gegenüber der politischen Macht wirksam genug werden können? Unter Kritik verstehe ich nicht die Anfechtung von Skandalen, so lobenswert dies auch ist, dafür gibt es hier schon eine engagierte Presse, allen voran den «Spiegel», der fast jede Woche mit einer wichtigen Neuigkeit herauskommt. Ich meine vielmehr die Erörterung von grundsätzlicheren Fragen, wie zum Beispiel die Rolle der Bundesrepublik und ihrer Unternehmen im internationalen Waffengeschäft, Nennung von Politikern, Parteifunktionären, Gewerkschaftlern, die an diesem Geschäft beteiligt sind. Diese Gebiete werden zwar gestreift, aber selten wirklich betreten und erforscht. Man begnügt sich mit Einzelinformationen, bleibt nicht lang genug am Ball, versucht nicht genügend die Zusammenhänge und Hintergründe zu erforschen. Mir fällt in diesem Zusammenhang der Fall des schleswig-holsteinischen Ministerpräsidenten ein. Da wird das Oberhaupt eines Bundeslandes tot in der Badewanne aufgefunden, ein paar Wochen lang konzentrieren sich die Medien auf dieses einmalige Ereignis. Hier und dort sickert durch, daß auch Waffengeschäfte mit im Spiel waren. Doch irgendwann gab man die Nachforschungen auf, ohne den Fall restlos und die Frage nach Mord oder Selbstmord wirklich beantwortet zu haben.

EIN HAUCH VON UNRUHE

28. Februar 1988

Liebe Leila,

ich kann Deine Bedenken wegen meiner kritischen Äußerungen zu der deutschen Presse nicht teilen. Sicher, ich komme aus einem Land, in dem Demokratie höchstens als Wunschtraum existiert. Bis auf zwei recht kurze Phasen hat es in unserem Land seit fünfunddreißig Jahren keine freie Presse und freie Meinungsäußerung mehr gegeben. Aber ich versuche, die Bundesrepublik an ihrem eigenen Anspruch zu messen. Da ist mir dann unverständlich, wieso zum Beispiel die beiden Kriegsgegner Iran und Irak seit mehr als sieben Jahren aus der Bundesrepublik mit Waffen und sonstigen Rüstungsgütern beliefert worden waren und die Presse dieses Geschäft mit dem Tod mehr oder minder schweigend hingenommen hat.

Mein Aufenthalt in Teheran dauerte fast fünf Jahre. Als ich im Sommer 1965 in die Bundesrepublik zurückkehrte, fand ich ein anderes Land vor; nein, nicht ein Land, sondern zwei Länder. Das eine war bewohnt von staatstreuen, wohlhabenden zufriedenen Bürgern. Die Narben der Kriegsjahre schienen vollends verheilt, Geld und

Konsum hatten die schreckliche Vergangenheit aus der Erinnerung gelöscht. Eine silbern glänzende Welt, stabil wie Beton und Stahl, bot den Bewohnern allen Anlaß zum Stolz. Die Bundesrepublik Deutschland konnte sich unter den Weltnationen wieder sehen lassen. Ihren östlichen Nachbarn gegenüber präsentierte sie sich als Schaufenster des freien Westens.

Einen solchen Reichtum, einen so weitverbreiteten Wohlstand, ein so makellos funktionierendes System hatte es bis dahin in der deutschen Geschichte nicht gegeben. Selbst die Siegermächte blickten neidvoll auf dieses «Wirtschaftswunder». Kaum eine Ruine war mehr zu sehen. Den Schutt hatte man außerhalb der Städte zu kleinen Bergen zusammengetragen, «Monte Scherbellino» oder «Monte Klamott» wurden diese Symbole der Zerstörung und des unermüdlichen deutschen Fleißes genannt. Auch über diese Berge war längst Gras gewachsen. Kinder und Erwachsene kletterten auf sie hinauf, ohne daran zu denken, wie viele Erinnerungen und Qualen, wie viele menschliche Schicksale hier zusammengehäuft waren. Alles lief wie geschmiert. Größere gesellschaftliche Konflikte, die das System gefährden könnten, gab es nicht. Es war die Zeit des «Konformismus», eines allgemeinen Konsenses zwischen Regierungen, Parteien, Gewerkschaften, Unternehmern, Staatsbürgern. Kleinere Streiks, Ostermärsche, gedämpfte oder auch manchmal aggressive kritische Stimmen aus Kreisen der Künstler, Schriftsteller und Intellektuellen wirkten wie das Salz in der Suppe. Mir schien, als hätten als Gegenleistung für den Wohlstand die meisten Bürger der Bundesrepublik ihre Seele an staatliche Autoritäten und die mit ihnen kooperierenden Medien abgetreten. Fernsehen und Rundfunk sowie die täglich in Millionenauflagen erscheinenden Zeitungen und Zeitschriften nahmen ihnen die Mühe subjektiv-spontaner Reaktionen ab, sagten ihnen, was sie bejahen und worüber sie sich empören sollten. Das Vertrauen in den Staat und die Medien war grenzenlos, das Wohlgefühl, eingebettet zu sein in eine durch Fleiß, Opfer und Sparsamkeit aufgebaute Gesellschaft, so stark, daß jeder Seitensprung aus dieser satten, zufriedenen Gemeinschaft als Verrat empfunden wurde. Erfüllt von Stolz, konnte man wieder, wenn auch nur die dritte Strophe des Deutschlandlieds singen: «Einigkeit und Recht und Freiheit für das deutsche Vaterland.» Daß dieses neugegründete Vaterland teilweise wieder von ehemaligen Nazis, den Globkes, Filbingers, Kiesingers, Lübkes regiert wurde, daß viele Juristen, Unternehmer, Meinungsmacher wieder auf ihren alten Stühlen saßen, tat der Treue und Liebe zum Staat keinen Abbruch. Demonstrative Proteste, wie die Ohrfeige von Beate Klarsfeld für Bundeskanzler Kiesinger, konnten bei der überwiegenden Mehrheit der Bevölkerung nur Erstaunen und Mißfallen hervorrufen.

Die harte Währung, die Deutsche Mark, und der hohe Verdienst gestatteten der überwiegenden Mehrheit der bundesrepublikanischen Bevölkerung nicht nur einen gesicherten materiellen Wohlstand in der Heimat, sie erlaubten auch Millionen Urlaubsreisen ins Ausland. Billige Arbeitskräfte wurden ins Land geholt. Italiener, Spanier, Jugoslawen, Polen und zuletzt Türken sollten nun die niedrigen, kärglich entlohnten Arbeiten übernehmen, für die deutsche Arbeiter nicht mehr zu gewinnen waren. Innerhalb eines Jahrzehnts wuchs die Zahl der ausländischen Arbeiter, man nannte sie «Gastarbeiter», auf vier Millionen.

Der äußere Feind, der Bolschewismus und Kommunismus, existierte schon seit der Gründung der Bundesrepublik. Die Zeit des «Kalten Krieges» verhärtete diese Feindschaft zu einer Ideologie, einem unerschütterlichen Dogma. Der Bau der Berliner Mauer, im Jahre 1961, setzte noch das Tüpfelchen auf das «i».

Mit dem Einzug der ausländischen Arbeiter entstand nun eine neue Minderheit im Innern, eine unterprivilegierte Klasse, auf die man herabblicken, über die man witzeln konnte: «Spaghettifresser», «Knoblauchfresser», «Kanaken».

In dieser Welt der geistigen Mittelmäßigkeit, der einfältigen Mitte, lebten Reiche, Neureiche, Halbreiche, Kleinbürger, hier spielte sich der gewöhnliche, langweilige Alltag der bundesrepublikanischen Gesellschaft ab.

Noch stark betroffen von den Eindrücken, die ich aus meiner Heimat mitgebracht hatte, war ich zunächst schokkiert über den Unterschied zwischen den beiden Ländern Iran und Bundesrepublik Deutschland. Dort die weitverbreitete unbeschreibliche Armut, die Slums, die Millionen Barfüßiger und Habenichtse, hier dieser Überfluß und diese Verschwendung. Doch ich merkte bald, daß hinter der reich geschmückten Fassade eine andere Welt im Entstehen begriffen war, eine Welt, die zunächst im verborgenen, hinter den Mauern der Häuser, in den Wohnungen, im scheinbar vertrauten Kreis mancher Familien entstand und bald – zumindest für eine kurze Zeit, die ganze Nation erschüttern sollte, sie wurde getragen von Jugendlichen und Intellektuellen.

Schon bevor ich in den Iran gereist war, hatte ich einen Hauch von dieser Unruhe zu spüren bekommen.

Ich hatte das Glück, des öfteren bei Barbaras Familie, meinen späteren Schwiegereltern, als Gast wohnen zu können. Sie lebten in einer Kleinstadt in Westfalen. Der Vater, gelernter Uhrmacher und Optiker, besaß ein kleines Geschäft, das sich im Parterre des Wohnhauses befand, das die Familie bewohnte. Er war kein Nazi gewesen. Im Gegenteil: Er gehörte zu jenen frommen und aufrechten Christen, die den Rassismus des Dritten Reichs zutiefst verachtet und – ihren Möglichkeiten entsprechend – dagegen Widerstand geleistet hatten.

Wir sprachen oft miteinander über die zwölf Jahre nationalsozialistischer Herrschaft. Er hatte sogar während dieser Zeit eine Vervielfältigungsmaschine im Keller versteckt, druckte damit Flugblätter, die er und seine Freunde heimlich und oft unter großen Gefahren unter die Leute brachten. Nicht selten waren in eben demselben Keller zur Koordinierung des Widerstands kleinere Versammlungen abgehalten worden. Mein Schwiegervater war ein ehrlicher, aufrechter, durch und durch humaner Mensch, gutmütig, gutgläubig, fleißig, anspruchslos – Eigenschaften, die man bei den Deutschen oft vorfindet. Selbst als der allgemeine Wohlstand der Nachkriegszeit auch ihm einen gehobenen Lebensstandard erlaubte, konnte er seine Bescheidenheit nicht aufgeben. Spätestens um zehn Uhr abends ging er ins Bett, um am nächsten Tag zeitig mit der Arbeit beginnen zu können. Erst wenn er im Bett lag, gingen wir, mit Zustimmung der Mutter, in den Keller, um ein paar Flaschen Wein heraufzuholen. Er selbst spendierte nur am Wochenende eine oder allenfalls zwei Flaschen.

Mit dem Zusammenbruch des Dritten Reichs waren für ihn alle Verbrechen und Greueltaten begraben. Er empfand, daß eine neue Zeit angebrochen war und das Gute endlich über das Böse gesiegt hatte. Nach dem Krieg wurde er Mitglied der CDU, weil diese Partei sich christlich nannte, er schwärmte für Adenauer und verehrte Erhard. Er wurde ins Stadtparlament und sogar zum stellvertretenden Bürgermeister gewählt. Sonntags ging er in die Kirche, in Begleitung seiner Frau. Auch die Kinder – drei Töchter und ein Sohn – gingen, wenn auch oft widerwillig, mit, bis sie alt genug waren, um sich dagegen zur Wehr setzen zu können.

Die moralischen Vorstellungen des Optikers waren zutiefst vom Christentum geprägt, er glaubte an das Gute im Menschen und auch daran, daß das Gute sich allmählich durchsetzen würde. Dazu wollte er im Bereich seiner Möglichkeiten beitragen. Daher befand er sich oft in der Opposition, auch gegen führende Mitglieder seiner eigenen Partei. Dennoch akzeptierte er die gesellschaftliche Ordnung als gottgewollt, zollte den staatlichen Instanzen, jedoch nicht immer deren Trägern, einen tiefen Respekt. Redlich fügte er sich den Gesetzen und Bestimmungen und war bereit, seinen bürgerlichen Pflichten dem Staat gegenüber nachzukommen.

Erst Jahre später, als er in Berlin eine Demonstration gegen den Schah miterlebte, erschütterten die Knüppel der Polizisten und die Schlagstöcke der Jubelperser seinen Glauben an die Integrität staatlicher Instanzen.

Die Töchter, vor allem aber der Sohn der Familie, begannen wesentlich früher als der Vater, den Glauben an die gegebene Ordnung und die festgesetzten Normen zu verlieren. Zweifel an der herrschenden Moral, an Autoritäten der Schule, der Familie und der gesamten Gesellschaft wuchsen sehr schnell und stark, so daß sie schließlich zu einer unüberwindlichen Mauer zwischen der jüngeren und älteren Generation wurden.

In dieser Familie durfte ich ein Stück Geschichte der sechziger Jahre miterleben. Was in dem Haus des Optikers geschah, konnte man in milderer oder heftigerer Form bei zahlreichen anderen Familien ebenfalls beobachten.

Das Optikergeschäft im Erdgeschoß, ein Stock höher Wohn- und Schlafzimmer der Eltern, gutbürgerlich eingerichtet, Tisch, Couch, Sessel, Klavier, Stehlampen.

Unter dem Dachboden ein provisorisch eingerichteter Wohnraum – Bodenzimmer wurde er genannt –, ohne Tisch und Stühle, ein paar Matratzen auf dem Boden, herumstehende Bierflaschen, halb abgebrannte Kerzen, aufeinandergestapelte Bücher und Schallplatten, ein Dual-Plattenspieler und überall Aschenbecher voll mit Zigarettenstummeln. Der Vater ging nie nach oben, der Sohn begab sich nur nach unten, um geradewegs zum Kühlschrank zu gehen, seinen Hunger zu stillen und belegte Brote für die Freundinnen und Freunde auf dem Dachboden mitzunehmen.

Anfangs erfolgte diese räumliche Trennung mehr emotional, aus einem Unbehagen über die autoritären Strukturen innerhalb der Familie, aus Protest gegen die Verpflichtung zu Sauberkeit und Ordnung, vielleicht aus Sehnsucht nach einem einfachen, unbeschwerten, dafür aber sinnvolleren Leben. Aber es blieb nicht dabei: Auf dem Dachboden wurde nicht nur Musik gehört – «Negermusik», wie sie ein Stockwerk tiefer bezeichnet wurde –, es wurde auch viel gelesen und diskutiert, über die Vergangenheit, den Krieg, die eigene Identität in einer kapitalistischen Überflußgesellschaft.

Als Barbara und ich mit unserer inzwischen zweijährigen Tochter Marjam aus dem Iran zurückkamen, waren diese Diskussionen recht weit gediehen. Es brodelte überall an den Schulen, Universitäten, in den Familien. Viele hatten bereits die Kellerräume und Dachböden verlassen und den Sprung in die Öffentlichkeit gewagt. Auf den Straßen konnte man die Revoltierenden durch die Art ihrer Kleidung, ihre Gesten und Bewegungen, die auf normale Bürger provozierend wirkten, leicht erkennen.

Wir fanden zwei Zimmer in einem Gasthaus, in Möhringen, einem Vorort von Tübingen. Unter uns im Parterre wohnte die Familie des Wirts, der neben einer Gastwirtschaft eine kleinere Metzgerei und einen kleinen Schlachthof unterhielt. Neben uns, auf demselben Stockwerk, wohnten ein paar Studenten und ein griechisches Ehepaar, das täglich diverse Fische zum Essen zubereitete. Der Fischgeruch drang in alle Räume hinein und war nie ganz zu vertreiben. Unten roch es nach Wurst und Fleisch. Zweimal in der Woche wurden wir morgens vor Sonnenaufgang durch das Kreischen eines Schweins, das der Hauswirt schlachtete, geweckt.

Ich brauchte einige Zeit, um mich nach fünfjähriger Abwesenheit im veränderten Land zurechtzufinden und die Inhalte der Auseinandersetzung zwischen den Generationen zu begreifen. Tagsüber besuchte ich die Vorlesungen Ernst Blochs, ein Seminar über Hegel oder das Kolloquium von Walter Jens über die neueste deutsche Literatur, abends hörten wir im Radio Diskussionen zwischen Adorno und Gehlen, Sendungen über Heidegger und Sartre oder diskutierten in den Kneipen über den Krieg in Vietnam.

Die Unruhe, die sich in der Bundesrepublik breitmachte, beschränkte sich vorerst – soweit sie öffentlich in Erscheinung trat – noch weitgehend auf den geistig-kulturellen Bereich. Die verhärteten gesellschaftlichen Strukturen waren bis dahin noch unangetastet geblieben, so auch die hierarchisch-autoritäre Struktur der Universitäten.

In Tübingen gab es neben Bloch auch andere bekannte Philosophieprofessoren, unter ihnen Professor Bollnow, den man zu den federführenden «Lebensphilosophen» zählte. Bollnow war durch seine zahlreichen Veröffentlichungen nicht nur in der Bundesrepublik, sondern auch im Ausland bekannt. Zweimal in der Woche trug er den Studenten seine Gedanken vor. Bei seinen Vorlesungen war der große Hörsaal, das Audi. Max., immer überfüllt. Wenn man nicht rechtzeitig da war, konnte man keinen Sitzplatz mehr finden und mußte sich auf den Boden setzen. Der Professor, ein schmächtiger älterer Herr, war äußerst sensibel. Offenbar mußte er sich während der Vorlesung stark konzentrieren, das kleinste Geräusch wirkte auf ihn störend, brachte ihn aus dem Konzept. Deshalb bat er immer zu Anfang eines jeden Semesters, die Zuhörer möchten sich möglichst still verhalten, noch mehr aber darauf achten, daß sie nicht zu spät zu den Vorlesungen erschienen. Unpünktlichkeit könne er schon aus Prinzip nicht leiden. Er selbst war so pünktlich, daß man die Uhr hätte nach ihm stellen können. Pünktlich, wenn die Uhr im Lichthof 12.15 Uhr schlug, begann er zu reden, und hörte genau um 13 Uhr auf. Die Studenten nahmen auf den hochgeachteten Denker Rücksicht, akzeptierten seine Bedingungen. Während der Vorlesung bemühte sich jeder, sich still zu verhalten und selbst, wie bei Musikveranstaltungen üblich, ein Husten oder Räuspern zu unterdrükken; alle erschienen pünktlich. Diejenigen, die zu spät an der Uni ankamen, zogen es vor, der Vorlesung fernzubleiben. Doch eines Tages geschah etwas Ungeheuerliches, während der Professor sprach und im Raum vollkommene Stille herrschte, als ob niemand anwesend wäre und der Professor vor leeren Bänken redete, ging langsam die Tür auf. Ein langanhaltendes Quietschen durchbrach die Stille. Herein trat eine schöne schlanke Frau, elegant gekleidet, trug Schuhe mit hohen Absätzen. Alle Blicke richteten sich auf sie. Das schien sie nicht zu stören. Unbekümmert, als ob sie sich auf einem Stadtbummel in Rom oder Paris befände, lief sie langsam und graziös, lächelnd und herumschlendernd den Gang entlang bis zum Ende des Raums. Schon das Geräusch der Tür hatte den Professor in Verwirrung gebracht. Er sprach noch zwei unvollständige Sätze, weiter konnte er nicht reden, er hielt inne, stützte seine Ellbogen auf das Rednerpult, senkte den Kopf, drückte seine zur Faust geballten Hände gegen die Schläfen. Im Raum war es so still, daß man seine hastigen Atemzüge auch von den hinteren Bänken aus vernehmen konnte. Wir alle saßen wie versteinert da, beobachteten verängstigt das Geschehen. Jede Sekunde konnte sich etwas Furchtbares ereignen, zum Beispiel könnte der Professor einen Schlaganfall oder Herzinfarkt bekommen und ohnmächtig oder tot hinfallen. Jeder Schritt der Frau wirkte wie ein Schlag auf unsere Köpfe. Sie aber schien von unserer Aufregung und den Qualen, die der Professor sichtbar litt, nichts zu spüren, hielt weiterhin Ausschau nach einem freien Platz, lief wieder den Gang zurück, an dem Professor vorbei, auf die andere Seite des Raums. Offenbar konnte und mochte sie sich mit ihrem eleganten, engen Kleid nicht auf den Boden setzen. Schließlich stand ein Kommilitone auf und bot ihr seinen Platz an. Nun herrschte wieder Ruhe, doch der Professor blieb immer noch in derselben Haltung stehen. Sein Gesicht war inzwischen rot, ja fast blau angelaufen, Schweißtropfen liefen ihm von der Stirn bis zur Nasenspitze herunter. Jeder Augenblick kam uns wie eine Ewigkeit vor. Alle hielten den Atem an, niemand wagte ein Wort oder eine Bewegung. Es dauerte mehrere Minuten, bis Bollnow sich entschloß, die Vorlesung abzubrechen. Er packte sein Manuskript in seine Aktentasche, verließ mit grimmigem Gesicht wortlos den Hörsaal. Ein Aufatmen ging durch den Raum. Man konnte wieder husten, reden, sich bewegen. Manche fingen an zu lachen. Die junge Frau merkte gar nicht, daß sie den Vorfall verursacht hatte, wollte wissen, worauf die zornige Reaktion des Professors zurückzuführen sei.

Wir berieten, wie wir uns nun verhalten sollten. Es wurde beschlossen, eine Abordnung zu dem Professor zu schicken, um im Namen der Anwesenden um Verzeihung und Fortsetzung der Vorlesung zu bitten.

(Zwei Jahre später wäre ein solch angepaßtes Verhalten an den deutschen Universitäten undenkbar gewesen. Einen solchen Professor hätten die Studenten ausgelacht und vermutlich aus dem Saal gejagt.)

Nach etwa einer Viertelstunde kehrte Bollnow zurück; schwankend zwischen der Wahrung seiner Autorität und Erfüllung seiner Pflichten, hielt er eine bewegende Rede über den Sinn und die Einhaltung von Pünktlichkeit und die Achtung der Persönlichkeit. Geist und Wissenschaft seien auf bestimmte Verhaltensnormen angewiesen, sagte er. Andererseits müsse er sich selbst den Vorwurf machen, seine Beherrschung verloren und Schwäche gezeigt zu haben. Daher habe er beschlossen, gegen sich selbst ein Disziplinarverfahren zu beantragen. Tatsächlich unternahm er am gleichen Tag diesen ungewöhnlichen Schritt. Ich erinnere mich nicht mehr, wie die zuständigen Instanzen darauf reagiert haben.

Der Fall Professor Bollnows ist ein Extremfall, dennoch spiegelt er etwas Grundsätzliches wider, was mir für Deutsche charakteristisch zu sein scheint – das dogmatische Beharren auf Tugenden, die man zum Prinzip erklärt. Niemand kann leugnen, daß Pünktlichkeit eine positive Eigenschaft ist. Doch wenn sie in den zwischenmenschlichen Beziehungen zu einem unverletzbaren Grundsatz erklärt wird, stört sie die Emotionalität, bringt Fremdheit und Kälte hervor.

Wenn man sich im Iran zum Beispiel zu einem Besuch anmeldet, verabredet man sich für den Nachmittag oder den Abend. Bei den Deutschen wird der Termin zeitlich genau festgelegt. «Viertel nach sieben», «halb acht»... sagen sie. Wenn du ein paar Minuten zu spät kommst, mußt du dich entschuldigen. Es kommt auch vor, daß Leute, die zu früh da sind, vor der Haustür des Gastgebers warten oder die Straße auf und ab gehen, um erst zum verabredeten Termin zu klingeln. Das bringt eine gewisse Zwanghaftigkeit hervor, schafft Distanz zwischen den Menschen, zieht einen spürbaren Trennungsstrich zwischen dem Privatleben der Familie und ihren Freunden und Bekannten.

Ähnlich wie mit der Pünktlichkeit verhält es sich mit den anderen Tugenden, wenn sie in Lebensprinzipien verwandelt werden. Ehrlichkeit wird zur Naivität, Pflichtbewußtsein und Gewissenhaftigkeit zur Autoritätsgläubigkeit und Pedanterie.

Ich möchte sogar behaupten, daß viele Deutsche, die den Nazis gefolgt sind, dies in erster Linie nicht aus wirklicher Überzeugung getan haben, sondern mehr noch aufgrund der genannten Prinzipien. Beamte, Richter, Lehrer, Gauleiter, Journalisten leisteten eben ihre «Pflicht», führten gewissenhaft Befehle aus, richteten sich nach Gesetzen und Bestimmungen. Gerade diese Tatsache hat ja auch nach dem Krieg bei den Prozessen gegen die Nazis zu Freisprüchen geführt. Alle, denen keine direkte Teilnahme an Verbrechen nachgewiesen werden konnte, wurden freigesprochen.

Diese Urteile haben nicht nur der Behauptung Vorschub geleistet, der Faschismus sei das Werk einer kleinen Minderheit gewesen, sie haben auch dazu beigetragen, eine wirkliche Reinigung, eine Wiedergewinnung der während der Nazizeit abhanden gekommenen Humanität und eine grundlegende Veränderung der Gesellschaft zugunsten einer wirklichen Demokratisierung erheblich zu erschweren.

Dieses Versäumnis nachzuholen war das allgemeine Ziel der neu entstandenen Bewegung der sechziger Jahre.

«PLANEN SIE EIN ATTENTAT AUF DEN SCHAH?»

26. März 88

Liebe Leila,

Du möchtest wissen, wie man hier in der Bundesrepublik auf den Aufstand der Palästinenser in den von Israel besetzten Gebieten reagiert. Sehr verkrampft, kann ich nur sagen. Natürlich wird hier in den Medien ausführlich über den Konflikt berichtet, doch in den Kommentaren ist man recht vorsichtig und zurückhaltend. Keiner möchte des Antisemitismus bezichtigt werden, alle betonen die Verantwortung der Deutschen für das Schicksal der Juden, versuchen die Empörung über die Untaten israelischer Soldaten und Siedler zu dämpfen. Doch im Gegensatz zu der öffentlichen Meinung hört man in der Öffentlichkeit eindeutigere Töne. Vor ein paar Tagen saß ich im Bus, neben einer älteren Dame, die sich über die Schlagzeile einer Boulevard-Zeitung empörte. «Drei Palästinenser im Gazastreifen getötet», stand dort. «Das ist doch unerhört», sagte die Frau. Ich wollte gerne mit ihr ins Gespräch kommen, fragte nach dem Grund ihrer Empörung. «Sehen Sie, ich habe nichts gegen die Juden. Das können Sie mir wirklich glauben», sagte sie. «Aber die Juden haben sich immer über uns Deutsche beklagt, uns

Brutalität und Verbrechertum vorgeworfen. Jetzt gehen sie genauso gegen die Palästinenser vor.» – «Der Vergleich ist ja wohl übertrieben», erwiderte ich vorsichtig. «Mag sein», sagte sie. «Ich bin mir aber nicht sicher, ob Israel die Araber nicht ganz ausrotten würde, wenn es dazu die Möglichkeit hätte.»

Ich habe mich in den letzten Wochen mit vielen Leuten über dieses Thema unterhalten, in Kneipen, am Imbißstand, im Tabakladen bei mir um die Ecke. Die meisten, mit denen ich sprach, äußerten sich gegen Israel, weniger aus Sympathie für die Palästinenser, sondern wie ich denke, aus Genugtuung darüber, daß die Juden endlich in die Klemme geraten sind. Sie schienen darüber eine Schadenfreude zu empfinden, daß sich nun die Opfer von einst als Täter entpuppt haben. Ist dies als ein Versuch zu deuten, die Verbrechen der Nazis zu rechtfertigen? Vielleicht. Jedenfalls ist der Antisemitismus in der Bundesrepublik längst nicht beseitigt. Eine jüngst von einem Meinungsforschungsinstitut durchgeführte Umfrage kam zu dem Ergebnis, daß etwa acht Millionen Bundesbürger immer noch Juden gegenüber feindlich gesinnt sind.

Das Verhältnis der Deutschen zu den Juden ist nie richtig geklärt worden. Sicher, von staatlicher Seite wurde früher versucht, durch eine Abfindung an Israel das Geschehene wiedergutzumachen. Aber eine Normalisierung der zwischenmenschlichen Beziehung ist längst nicht erreicht. Selbst bei den aufgeklärten Linken ist ein verkrampftes Verhalten den Juden gegenüber unübersehbar. Das ist – glaube ich – auch verständlich. Ich habe eine Zeitlang in Wohngemeinschaft mit einer Jüdin in Frankfurt gelebt. Erst durch dieses tägliche Zusammensein ist mir so richtig klargeworden, wie lebendig die Vergangenheit bei den Juden noch ist: Mir scheint, daß die seelischen Qualen der Überlebenden auch bei den nächsten Generationen nachwirken werden. Die Angst der jüdischen Minderheit vor ihren deutschen Landsleuten wird sich vermutlich noch lange fortsetzen.

Auch die Auseinandersetzung mit diesem aus der jüngsten deutschen Geschichte übernommenen Problem gehört zu jener Bewegung der sechziger Jahre, die zunächst von Berlin ausging, einer Stadt, die gerade durch ihre geographische Lage genug Anlaß zu politischen Kontroversen bot. Konservative und reaktionäre Kräfte hatten versucht, Berlin als Zentrum antikommunistischer Propaganda auszubauen. Vor allem nach dem Bau der Mauer lieferte die unmittelbare Nachbarschaft der DDR eine günstige Gelegenheit, Haß und Verachtung gegen Kommunisten zu schüren und den Kapitalismus und die freie Marktwirtschaft in den Himmel zu heben. Den Berlinern bot sich täglich der Vergleich zwischen den Verhältnissen diesseits und jenseits der Mauer an. Hier der allgemeine Wohlstand, die grenzenlose Vielfalt des Warenangebots, bunte Lichtreklame, reichgeschmückte Schaufenster, gepflegte, neuaufgebaute Häuser, Cafés, Restaurants, dort das ärmliche Kasernendasein, gleichförmige, dürftig eingerichtete Wohnungen, Knappheit der Lebensmittel und Konsumgüter und der überall wahrnehmbare Geruch von Desinfektionsmitteln, hier die «Freiheit», dort die Diktatur. Wer wollte und könnte diese sinnliche Wahrnehmung durch theoretische Erklärungen über den Sozialismus widerlegen? Das Parteiorgan «Neues Deutschland» und Rundfunk- und Fernsehprogramme der DDR waren sicherlich nicht dazu geeignet, den unter sowjetischer Besatzung gegründeten Arbeiter- und Bauernstaat den Bürgern in West-Berlin schmackhaft zu machen. Daß der niedrige Lebensstandard in der DDR nicht auf die Staatswirtschaft allein zurückzuführen war, sondern auf ökonomische und politische Voraussetzungen der Nachkriegszeit, die im Vergleich zu denen im Westen weit ungünstiger waren, wurde kaum in Betracht gezogen. Der äußere Vergleich bot sich eben an. Und wer nicht nach den Gründen des ökonomischen Rückstands in der DDR suchte und sich mit einer oberflächlichen Betrachtung begnügte, dem reichte schon der Schein aus, um die Hetzkampagnen gegen den Sozialismus für bare Münze zu nehmen. Auch Linke waren enttäuscht über ihre Genossen im Osten. Sie kritisierten, daß man dort den Sozialismus, getrennt von seinen humanitären und emanzipatorischen Inhalten, als ein Machtinstrument benutzt und ihn dem Volk aufgezwungen hatte. So wie die Demokratie im Westen sei der Sozialismus im Osten von Staats wegen eingeführt worden.

Als ich nach meiner Rückkehr aus dem Iran zum erstenmal nach West-Berlin fuhr, fiel mir auf, daß die Soldaten an der DDR-Grenze sich genauso verhielten, wie Antikommunisten sich Kommunisten vorstellen: unnahbar, erbarmungslos, bar jeder menschlichen Regung, ohne ein Lächeln, ohne freundliche Blicke. Ich war aus dem Iran, einem Land der Dritten Welt, mit der Überzeugung geflüchtet, daß der Sozialismus die einzige Rettung für uns sein könne. Er werde Ausbeutung und Entfremdung abschaffen und uns vor der alles beherrschenden Diktatur retten.

Die erste Begegnung nach vielen Jahren mit der DDR war für mich schockierend. Schon das Verhalten der Grenzbeamten und die Art, wie sich der sozialistische Staat den Einreisenden gegenüber repräsentierte, stimmte mich sehr nachdenklich.

Als ein Grenzbeamter meinen Wagen durchsuchen wollte, hatte ich, um das Warten zu verkürzen, gerade begonnen, einen Apfel zu essen. «Werfen Sie den Apfel weg», sagte der Beamte. «Was hat der Apfel mit der Kontrolle meines Wagens zu tun?» fragte ich protestierend.

«Das ist eine Amtshandlung», sagte der Beamte. Du mußt wissen, für einen Deutschen ist eine Amtshandlung etwas Würdevolles, beinahe Heiliges, ähnlich wie bei uns eine Trauerfeier oder eine Predigt in der Moschee. Meine Weigerung, seinem Befehl zu gehorchen und den Apfel wegzuwerfen, kostete mich drei Stunden Wartezeit.

Ähnliche Erlebnisse hatte ich später oft an der Grenze zwischen den beiden deutschen Staaten. Mehr als in der Bundesrepublik spürt man in der DDR die staatliche Autorität. Du fühlst dich ständig beobachtet, mußt dauernd darauf achten, die bestehenden Regeln einzuhalten, Verbote nicht zu mißachten, nicht in die Fänge der Polizei und Sicherheitsorgane zu geraten. Schon die grellen Scheinwerfer an der Grenze, die Betonmauern, die mit weißer Farbe gestrichenen Fensterscheiben, die Spürhunde, der Stacheldraht, der Befehlston und die Strenge der Grenzbeamten, ihre mißtrauischen Blicke sind einschüchternd und erwecken den Eindruck, als ob man die Pforten zu einem riesigen Gefängnis passieren wollte.

Selbstverständlich mußte sich die DDR vor dem kapitalistischen Westen schützen. Die massive Propaganda und der verlockende Wohlstand Westdeutschlands trieb viele DDR-Bürger, vor allem Fachkräfte, zur Flucht in die Bundesrepublik, Fachkräfte, in deren Ausbildung der Staat jahrelang investiert hatte. Das legitimiert aber keineswegs die Repression gegen die eigene Bevölkerung. Der Druck von oben, die staatliche Autorität lastete so stark auf den Menschen, daß sie gebückt, verängstigt und verunsichert herumliefen. Dieser Sozialismus konnte selbstverständlich Jugendliche und Intellektuelle der sechziger Jahre, die gerade einen Aufstand gegen die autoritären Strukturen in der Bundesrepublik planten, nie und nimmer begeistern.

Für mich bedeutete die Wiederbegegnung mit der DDR eine große Enttäuschung, ich fragte mich, ob die

Entwicklung dort auf den Sozialismus selbst zurückzuführen war, auf die Umstände seiner Entstehung oder etwa darauf, daß ihn Deutsche verwalteten. Darüber sollte ich bald belehrt werden.

In West-Berlin begannen für mich sehr bewegte und wichtige Jahre. Barbara, unsere Tochter Marjam und ich hatten zusammen mit einem befreundeten deutschen Ehepaar eine größere Wohnung genommen. Wir lernten rasch viele Menschen kennen. Nahezu täglich gab es kleinere und größere Versammlungen, theoretische Diskussionen, Vorschläge zu Aktionen. Allen Beteiligten schien klar zu sein, daß sie ihr Leben in der Weise wie bisher nicht fortsetzen wollten. Jedes Treffen wurde zu einem Tribunal gegen die überkommenen Verhältnisse, gegen ältere Generationen, deren Moral, Zielsetzungen, Ideale. Studenten, Intellektuelle, Künstler, Schriftsteller – sie nannten sich bald selbst «eine kleine radikale Minderheit» – nahmen alles kritisch unter die Lupe, was der Gesellschaft ihrer Eltern heilig war: Verhaltensnormen, Lebensprinzipien, menschliche Beziehungen, Freundschaft, Ehe, Familie. Alles wurde demaskiert, zerstückelt, angegriffen. Ich bekam das Gefühl, an einer historisch bedeutenden Entwicklung direkt beteiligt zu sein, fühlte den Puls der Geschichte schlagen, meinte die Schritte des Weltgeistes zu vernehmen, der – wie es mir schien – sich gerade anschickte, die letzten Hürden auf dem Weg in die Freiheit und Glückseligkeit zu überwinden.

Begonnen hatte der Aufruhr an den Universitäten. Kritische Studenten hatten sich vorgenommen, den «Muff von tausend Jahren unter den Talaren» zu lüften. Doch bald verwandelten sich diese studentischen Proteste in eine antiautoritäre Bewegung, die wie Sturmwellen alle Bereiche der Gesellschaft in Familien, Schulen, Kindergärten, Parteien, Gewerkschaften, Kirchen, Fabriken, Ämtern, Verlagen, Redaktionen von Zeitungen, Fernseh-

und Rundfunkanstalten überspülte. Überall wurden die autoritären Strukturen in Frage gestellt, die moralischen Postulate als verlogen und scheinheilig entlarvt. Über Nacht schien das Gewissen der Nation erwacht. Endlich, nach Jahrzehnten des Schweigens, meldete sich hier das «bessere Deutschland» zu Wort und Tat.

Familien brachen auseinander, Ehen lösten sich auf, Zehntausende von Jugendlichen verließen ihre Elternhäuser, um in den neuentstandenen Wohngemeinschaften, unter Gleichgesinnten, befreit von der Bevormundung durch die Eltern, leben zu können. Der Ruf nach uneingeschränkter Freiheit richtete sich auch gegen die ererbte Kultur, die als bürgerlich und repressiv bezeichnet wurde. Bach, Beethoven, Mozart, Dürer, Goethe, Schiller wurden mitsamt Bibel, Weihnachtsbaum, Osterhase in die Rumpelkammer geworfen, es wurde gründlich mit dem kulturellen «Plunder» aufgeräumt.

Als Orientale hatte ich große Mühe, die Radikalität dieser Bewegung zu begreifen und nachzuvollziehen. Es mag an den unterschiedlichen Kindheitserlebnissen gelegen haben oder auch daran, daß ich den Mißbrauch der Kultur in der Weise, wie er während der Hitler-Herrschaft erfolgt war, nie direkt erfahren und miterlebt hatte. Dem Schah-Regime im Iran war es nie gelungen, eine eigenständige, ideologisch untermauerte «Kultur» zu schaffen. Man versuchte es eben mit einem Ersatz, mit einer pseudoeuropäischen Kultur und Zivilisation. So konnte ich die «Erblast», von der meine deutschen Freunde sprachen, nicht nachempfinden. Ich hörte sehr gerne deutsche Weihnachts- oder Volkslieder, auch die Geborgenheit der Familie wollte ich nicht missen. Ich war verwundert über die Härte, mit der die Deutschen ihre theoretischen Erkenntnisse in die Praxis umsetzten, über die Schonungslosigkeit, die sie bei der Suche nach der Wahrheit, nicht nur gegen ältere Menschen, auch gegen sich selbst praktizierten. Manchmal hatte ich den Eindruck, daß sie genau dasselbe, was sie zu bekämpfen beabsichtigten, auf einer anderen, tiefer liegenden Ebene reproduzierten. Ich habe gerade während der Revolte der sechziger Jahre und erst recht, als die Bewegung ihren Höhepunkt erreicht hatte und die euphorische Stimmung abzuflauen begann, miterlebt, wie diese Rigorosität viele zu Fall gebracht hat. Es gab Selbstmorde, viele landeten auf der Couch des Psychoanalytikers. Auch mancherlei politische Blindheit und der folgenschwere Realitätsverlust, dem später manche Gruppen unterlagen, sind vielleicht mit eben dieser Härte zu begründen. Kein Wunder, daß zehn Jahre später ein neuer Zug zur Innerlichkeit, Subjektivität und Religiösität viele begeisterte Anhänger fand.

Die Erfahrung hat mir gezeigt, daß gerade in dieser Beziehung ein bemerkenswerter Unterschied zwischen Männern und Frauen besteht. Diese Härte und Verbissenheit trifft man bei Frauen viel seltener. Frauen gehen hier, wie auch bei uns, viel feinfühliger mit sich und ihren Mitmenschen um.

Einmal saß ich mit einigen Freunden im Zentrum des Sozialistischen Studentenbundes (SDS) in Berlin. Auch Rudi Dutschke, dessen Name Du vielleicht schon gehört hast, war dabei. Es war Heiligabend 1967. Während die meisten Bewohner der Stadt in ihren Wohnungen die letzten Vorbereitungen trafen, um unter geschmückten Weihnachtsbäumen bei brennenden Kerzen das religiöse Fest zu feiern und Geschenke auszutauschen, saßen wir in einem ungemütlichen Raum, die Wände vollbeklebt mit Plakaten, revolutionären Parolen und Sprüchen, und unterhielten uns über die geplanten Aktionen, über den Sozialismus und die Weltrevolution. Ich fühlte mich sehr unwohl, wie ein Verstoßener, der sich nach der Rückkehr in die Gemeinschaft sehnt, sich aber nicht traut, weil er ihr gegenüber fremd geworden ist.

Marjam war bei ihren Großeltern. Sie liebte das Weihnachtsfest, und da wir in Berlin dieses Fest nicht zu feiern gedachten, sollte sie die Tage bei meinen Schwiegereltern verbringen. Wie viele hatte auch mich inzwischen der Sog der kulturrevolutionären Bewegung in die radikale Auseinandersetzung mit der deutschen Kultur und Vergangenheit hineingezogen. Auch ich hatte viele Bücher, Schallplatten, Kunstdrucke in den Keller getragen und hatte begonnen, mit Marjam, damals noch sieben-, achtjährig, über das Christkind, Gott und auch ihre Großmutter, die sie gerne christlich erziehen wollte, zu streiten. Barbara war da viel einsichtiger und einfühlsamer.

Mir mißfiel diese Debatte im SDS-Zentrum immer mehr. Sie hatte mit dem Leben draußen nichts gemein, war zu abstrakt. Ich machte den Anwesenden den Vorschlag, gemeinsam in die Gedächtniskirche zu gehen. Barbara hatte nämlich die Idee, an diesem Abend dort den Gottesdienst zu besuchen und mit Plakaten die Besucher auf den Vietnamkrieg aufmerksam zu machen. Tage zuvor hatte sie dafür bei Freunden geworben und schließlich nur ihren Bruder Eckhard sowie eine Freundin für die Idee gewinnen können. Rudi war der einzige unter den Freunden beim SDS, der die Aktion als sinnvoll empfand. Wir beide begaben uns in die Kirche. Kurz bevor das Orgelspiel begann, erschienen dann auch die drei mit hochgehobenen Plakaten in der Hand. Barbara trug ein Plakat, auf dem eine vietnamesische Bäuerin abgebildet war, ihr gegenüber ein US-Soldat, der sein Maschinengewehr auf ihren Kopf gerichtet hielt. Darunter stand der Spruch: «Was ihr getan habt einem unter diesen meinen geringsten Brüdern, das habt ihr mir getan.» Eckhards Plakat zeigte amerikanische Flugzeuge bei der Bombardierung vietnamesischer Städte. «Friede auf Erden und den Menschen ein Wohlgefallen», stand darunter. An das Plakat, das Barbaras Freundin trug, kann ich mich nicht mehr erinnern.

Der Eintritt der drei in die Kirche erzeugte unter dem Publikum einen Aufruhr. Eckhard und die Freundin wurden gleich hinausgezerrt, ihre Plakate zerrissen und zertreten. Auch Barbara gelang es nicht, bis zum Altar vorzudringen und ihr Plakat auf die Stufen niederzulegen. Auf dem Weg dorthin stürzte sich ein Mann auf sie, riß ihr das Plakat aus der Hand und schlug ihr mit dem Stock auf den Kopf. Der Pfarrer sah die Vorgänge mit an und rührte sich nicht. In diesem Augenblick stürzte sich Rudi auf die Kanzel und rief: «Ihr seid Knechte des Teufels.» Dies empfanden die Anwesenden als eine unverzeihliche Provokation. Einige Männer sprangen wütend von ihren Plätzen, um den aufmüpfigen jungen Mann für seine Dreistigkeit zu bestrafen. Rudi konnte sich hinausretten. Doch kurz vor dem Ausgang schlug ein Kriegsinvalide mit seinem Stock auf ihn ein und verletzte ihn am Kopf. Die Platzwunde mußte im Krankenhaus behandelt werden. Anschließend kehrten wir ins SDS-Zentrum zurück, Rudi mit einer Binde um den Kopf. Barbara konnte sich über den Vorfall nicht beruhigen. Sie war über die Reaktion der Kirchgänger so empört, daß sie ihren Austritt aus der Kirche beschloß. Ich fühlte mich sehr unwohl, ging, während die anderen über das Verhältnis der Kirche zum Vietnamkrieg debattierten, hinunter auf die Straße in ein nahe gelegenes Lokal, kaufte zwei Flaschen Wein, bat auch um ein paar Kerzen und Tannenzweige. Als ich in die Parteizentrale zurückkam, die Kerzen anzündete und die Tannenzweige um sie herumlegte, fingen die anderen an zu lachen. «Bist du verrückt geworden?» sagte einer. «Dieser Perser, dieser Muslim will uns an die Geburt Christi erinnern», fügte er noch spottend hinzu. «No», sagte Rudi, «jetzt kannst du uns auch mal einen Schluck Wein geben.» – «Wie wäre es mit ein paar Weihnachtsliedern?» fragte ich provozierend. Tatsächlich stimmte dann einer zögernd, halb witzelnd ein, und allmählich machten auch die anderen mit.

Die Befreiungsbewegungen der Dritten Welt, vor allem der Unabhängigkeitskampf Vietnams, spielten bei der Politisierung der «kleinen radikalen Minderheit» eine so zentrale Rolle, daß nun die unterdrückten, kolonialisierten Völker als Subjekte der Geschichte, als Avantgarde des Fortschritts und der Freiheit betrachtet wurden.

Schon Anfang der sechziger Jahre hatte man begonnen, jene Moral in Frage zu stellen, die seit Jahrhunderten in Europa den Humanismus predigte, zugleich aber keine Mittel scheute, andere Völker zu berauben, auszubeuten und ihren Kampf um Unabhängigkeit und Freiheit niederzuschlagen. Dieselbe Gewalt, die in den Ländern der Dritten Welt herrsche, meinte man, sei auch – allerdings in subtiler Form – in den Metropolen vorzufinden. Diese naive, unreflektierte Schlußfolgerung war plausibel genug, um vielen, denen die eigene Gesellschaft keine Zukunftsperspektive bot, eine politische Zuflucht zu gewähren. Innerhalb kurzer Zeit wandelten sich die ehemals fremden Asiaten, Afrikaner, Lateinamerikaner aus der Sicht der politisch-engagierten Deutschen zu Vorbildern der Revolution und engsten Kampfgenossen. Jeder Angehörige der Dritten Welt, gleichgültig ob er tatsächlich am Befreiungskampf seines Landes teilnahm oder nicht, wurde wie ein Auserwählter behandelt und in die Rolle eines Helden gedrängt. Alle Wünsche und Sehnsüchte nach Freiheit, alle Utopien von einer besseren und humaneren Welt wurden auf diese Menschen projiziert. Ich hatte das Gefühl, daß der Jahrhunderte alte Eurozentrismus mit einem Schlag an seinem Ende angelangt sei. Unsere deutschen Freunde wollten aus der eigenen Haut heraus, wollten das kulturelle, wissenschaftlich-technische Erbe, das sie als Ballast empfanden, abschütteln. In ihren Augen hatte sich der Fortschritt als eine Seifenblase, als ein Trugbild erwiesen, sie suchten neue Werte, neue Ziele. Die ehemaligen Vorbilder der europäischen Kultur und Zivilisation wurden in einem intellektuellen Kreuzzug von ihrem Sockel gekippt, die Führer der Volksbefreiungsbewegungen an ihre Stelle gesetzt. Mao Tse-tung und Che Guevara schmückten, auf Plakaten abgebildet, die Wohnstuben der Antiautoritären. «Ho, Ho, Ho Chi Minh», hallte es auf dem Berliner Kurfürstendamm. Selbst für Aussehen und Kleidung dienten palästinensische Untergrundkämpfer, lateinamerikanische Guerilleros und vietnamesische Partisanen als Vorbilder. Geschmückt mit langen Haaren und Bärten, palästinensischen Tüchern, chinesischer Kleidung (Mao-Look), einem roten Stern am Revers und dem roten Buch in der Hand, zitierten begeisterte Jugendliche und zur Revolution entschlossene Studenten und Intellektuelle Worte des großen Vorsitzenden. Die Plausibilität der Argumentation, die Einfachheit der Sprache – ein Gefühl der Befreiung für die, die von Kindesbeinen an mit Wissen und Bildung vollgestopft worden waren. Die politischen und ökonomischen Probleme der fern liegenden Länder schienen leicht begreiflich, die Widersprüche lagen sozusagen offen auf der Straße, in jeder Stadt, in jedem Landstrich konnte man die soziale Misere, die Ungerechtigkeit, aber auch die Spuren imperialistischer Gewaltherrschaft deutlich wahrnehmen.

Der Kampf gegen diese Zustände löste bei den müden, unzufriedenen Europäern eine romantische Begeisterung aus. Ein, zwei, viele Vietnams sollte es geben. Das Ziel war die Übertragung der Revolution von «den Dörfern» auf die «Städte», das heißt von den Ländern der Dritten Welt in die Metropolen. Derselbe Kampf, den die Vietnamesen im Dschungel gegen den amerikanischen Imperialismus führten, sollte in Berlin, München, Frankfurt durch die Stadt-Guerilla fortgesetzt werden. Nur dies sei die konkrete Form internationaler Solidarität.

Ich hatte während meines fünfjährigen Aufenthalts im Iran einiges Material über die politischen und ökonomischen Zustände des Landes gesammelt. Hans Magnus Enzensberger, den ich bei einer Lesung im Teheraner Goethe-Institut kennengelernt hatte, empfahl mir, daraus ein Buch zu machen. Ich folgte seinem Rat. Das Buch erschien Anfang 1967 im Rowohlt Verlag. Der Titel: «Persien, Modell eines Entwicklungslandes oder die Diktatur der Freien Welt» und auch der Inhalt dieser Schrift entsprachen genau den Intentionen der neuen politischen Bewegung in der Bundesrepublik, als ob es vorausgesehend vereinbart gewesen wäre. Daher trug auch dieses Buch zur Entstehung jener Atmosphäre bei, die ich Dir oben geschildert habe. Dafür daß es zu einer wichtigen Lektüre der außerparlamentarischen Opposition wurde, gab es aber noch andere Gründe.

Zunächst existierte schon damals hier in der Bundesrepublik eine starke, gut organisierte iranische Opposition. Sie hatte durch eine breitangelegte Aufklärungsarbeit die Menschen in der Bundesrepublik über die Lage im Iran zu informieren versucht. Im Bewußtsein der Deutschen lag der Iran irgendwo im Orient, die meisten kannten das Land aus den Romanen von Karl May, die Gebildeten aus Goethes Westöstlichem Divan. Genaues wußten sie nur über den Schah, der für viele die Sehnsüchte nach dem deutschen Kaiserreich erweckte. Leserinnen und Leser der Regenbogenpresse, Hausfrauen, Rentnerinnen kannten das Privatleben des Kaisers, seine Beziehungen zu Frauen, zu Soraja und Farah, seine Eskapaden besser als die Iraner. Fast jede Woche berichteten deutsche Illustrierte in Millionenauflage über die Neuigkeiten vom kaiserlichen Hof.

Ein weiterer Grund für die überraschend weite Verbreitung meiner Schrift war der bevorstehende Staatsbesuch des iranischen Potentaten in der Bundesrepublik. Es war ein reiner Zufall, daß mein Buch zwei Monate davor erschien.

Schließlich leisteten auch die Bundesregierung und der Berliner Senat unseren politischen Aktivitäten ungewollt einen brauchbaren Dienst. Damals besaßen die deutsche Polizei und die Sicherheitsbehörden wenig Erfahrung im Umgang mit Oppositionellen. Ihnen schien der würdige Empfang, den man dem iranischen Kaiserpaar bereiten wollte, durch unsere angekündigten Aktionen bedroht. Zu den größtenteils unsinnigen und nicht selten kuriosen Maßnahmen und Sicherheitsvorkehrungen gehörte auch der Anruf eines hohen Beamten des Auswärtigen Amtes bei mir. «Ich habe eine Frage an Sie und möchte Sie bitten, wahrheitsgetreu zu antworten. Planen Sie ein Attentat auf den Schah?» fragte der Beamte.

Ich mußte schallend lachen. Welch eine unglaubliche Naivität steckte hinter dieser Frage. Tatsächlich war der Vorschlag, einen Anschlag auf den Schah zu verüben, von einigen unserer deutschen Freunde gemacht worden. Auch wäre der Vorschlag, wie wir nachträglich meinten, durchaus realisierbar gewesen. Wir lehnten ihn jedoch aus politischen Gründen ab. Ein erfolgreiches Attentat auf den Schah hätte in Anbetracht der damaligen Machtkonstellation im Iran eine noch härtere und brutalere Militärdiktatur hervorgebracht. Über die Konsequenzen für Berlin selbst, etwa die zeitweilige Übernahme der Regierung durch die Alliierten, haben wir damals gar nicht nachgedacht.

Vorbeugehaft für iranische Oppositionelle, Sperrung von Autobahnen, ein für die damalige Zeit einmalig massives Aufgebot von Polizeikräften zum Schutz des Schahs und ähnliche staatliche Maßnahmen wirkten zu unseren Gunsten.

Dabei hatten wir zunächst sogar erhebliche Schwierigkeiten, unsere deutschen Freunde zur Unterstützung unseres Kampfes zu mobilisieren. Es war selbstverständlich, daß wir mit unserer Bitte zunächst an den SDS herantraten. Wir waren der Meinung, daß unsere Protestaktionen gegen den Besuch des iranischen Diktators eine höchst günstige Gelegenheit zu politischer Aufklärung in der Bundesrepublik bieten würden. Gerade am Beispiel Iran, zu dem die Bundesrepublik die besten wirtschaftlichen und politischen Beziehungen unterhielt, ließ sich der Widerspruch zwischen den Bekundungen für Menschenrechte und Demokratie und der tatsächlichen Politik veranschaulichen. Doch unsere Argumente konnten die Freunde vom SDS nicht überzeugen. Nach endlosen Debatten lehnten sie unseren Plan mit der Begründung ab, man müsse sich jetzt auf Vietnam konzentrieren, eine Hinwendung zum Iran würde die antiimperialistische Bewegung verzetteln und spalten. Für uns war diese Begründung völlig unbegreiflich. Ein Spatz in der Hand sei doch besser als eine Taube auf dem Dach, sagten wir. Aber die Theoretiker des SDS waren nicht umzustimmen. Enttäuscht wandten wir uns an die Kommune I. Diese bildete neben dem SDS das zweite Zentrum der neuen Bewegung. Im Vergleich zu den Theoretikern des SDS zeigten die Mitglieder der Kommune eine viel größere Sensibilität für die Widersprüche im Alltag. Ihre Aktivitäten trafen die herrschende Moral und die bürgerlichen Normen an einer viel empfindlicheren Stelle als die theoretischen Analysen der politischen Funktionäre über die kapitalistische Gesellschaft. Es war bezeichnend, daß die Kommune I unseren Vorschlag mit großer Begeisterung aufnahm. Phantasievolle Aktionen wurden geplant, der Staatsbesuch sollte für den Schah, die Bundesregierung und den Berliner Senat kein Vergnügen werden.

Daß der Besuch, vor allem in Berlin, schließlich eine historische Bedeutung gewann, lag nicht zuletzt an den dilettantischen Sicherheitsmaßnahmen des Berliner Senats. Wochenlang versuchten die Berliner Behörden, aufgrund einer Intervention der iranischen Botschaft, eine für den

Vorabend des Schah-Besuchs in Berlin geplante Informationsveranstaltung an der Freien Universität zu verhindern. Das Gezerre zwischen der FU-Verwaltung, die sich dem Diktat der Behörden nicht beugen wollte, und dem Senat machte täglich Schlagzeilen, mit dem Erfolg, daß die Veranstaltung von mehreren tausend Interessierten besucht wurde. Auch der Einsatz von iranischen Geheimagenten, Messerstechern und Killern, die teilweise aus dem Iran eingeflogen wurden, gegen Demonstranten wirkte politisch zu unseren Gunsten. Man hätte kaum anschaulicher schildern können, auf wessen Seite die Regierenden hierzulande standen und welche Kräfte sie im Iran unterstützten. Die Schläger, als Jubelperser bekannt, wurden mit BVG-Bussen vor das Schöneberger Rathaus gefahren, wo sie unter der Obhut der Polizei ungehindert mit Schlagstöcken und Totschlägern auf Demonstranten eindreschen durften.

Mein Schwiegervater, damals noch CDU-Mitglied und Mitglied des Rates einer Stadt in Westfalen, den ich gebeten hatte, an der Protestkundgebung gegen den Schah teilzunehmen, begriff die Welt nicht mehr. Unsere vorangegangenen Diskussionen über den politischen Standort der Bundesrepublik hatten ihn nicht ganz überzeugt. Nun konnte er aber mit eigenen Augen sehen, was sich hinter den verbalen Bekundungen zu Humanität und Freiheit verbarg. Zu allem Übel bekam er selbst einige Schläge und fiel zu Boden. Er war empört: «Wir sind ein freies und demokratisches Land, mit welchem Recht stellen sich die Regierenden dieses Landes auf die Seite der Diktaturen?» rief er.

Das Ungeheuerliche geschah aber erst am Abend. Während die Staatsoberhäupter mitsamt einem ausgewählten Publikum in der Deutschen Oper Mozarts «Zauberflöte» lauschten, erprobte die Polizei draußen gegen einige tausend Demonstranten ihre neuentdeckte «Leberwursttaktik»: beide Seiten absperren, in die Mitte einschlagen. Wie hungrige, wilde Tiere, die gerade aus dem Käfig herausgelassen worden waren, stürzten sich die Polizisten auf ihre Beute. Frauen, Männer – auch Kinder waren dabei – wurden mit Knüppeln und Fäusten blutig geschlagen. Ich hatte das Gefühl, in Teheran zu sein. Fliehen konnte man kaum, viele Demonstranten fielen zu Boden, andere trampelten über sie, Panik brach aus. Überall hörte man Angstschreie. Viele spürten zum erstenmal die Staatsgewalt am eigenen Leib.

Ich kam mit einigen Schlägen davon. Auf dem Weg nach Hause hörte ich durch einen Polizeilautsprecher, daß ein Polizist getötet worden sei. Eine furchtbare Nachricht! «Diese Wahnsinnstat, sollte sie wirklich stimmen, wird für uns, aber auch für die politische Atmosphäre in der Bundesrepublik schlimme Folgen haben», dachte ich. Die unmittelbare Auswirkung der polizeilichen Durchsage konnte man auf den Straßen vernehmen. «Diese Gammler sollte man vergasen», hörte ich rufen. Die Stimmung unter der Berliner Bevölkerung war beängstigend. Männer mit langen Haaren und Bart oder Frauen, bei denen man Sympathie und Zugehörigkeit zu der «kleinen radikalen Minderheit» vermutete, liefen Gefahr, von den Passanten zusammengeschlagen zu werden. Ich wunderte mich, wie leicht Aggressionen geweckt und die Stimmung unter der Bevölkerung angeheizt werden konnten. Eine Hetzkampagne der rechtsgerichteten Medien und ein Wink von oben genügte schon, um bei zahlreichen Bürgern den Ruf nach Vergasung und Konzentrationslagern, Todesstrafe und Verbannung laut werden zu lassen. Hier zeigte sich, wie dünn der demokratische Firnis war und wie einfach man die unter dieser Oberfläche schlummernden Geister von einst wachrufen konnte.

Erst einige Stunden später wurde bekannt, daß nicht ein Polizist, sondern ein Demonstrant erschossen worden war.

Das Opfer des polizeilichen Angriffs, Benno Ohnesorg, gehörte nicht zu den politisch aktiven Studenten. Am Vorabend des Schah-Besuchs hatte er die Informationsveranstaltung über den Iran an der FU besucht, war über die Zustände dieses Landes und darüber, daß ein Diktator vom Schlage des Schah so freundlich in der Bundesrepublik empfangen wurde, entrüstet. Benno Ohnesorg mußte seine Teilnahme an der Demonstration mit seinem Leben bezahlen.

Übrigens, gleich nach dem Sturz des Schah im Iran, 1979, wurde in Teheran eine Straße nach Benno Ohnesorg benannt. Hier in Berlin ist es bisher nicht gelungen, wenigstens an der Stelle, an der er niedergeschossen worden ist, eine Gedenktafel anzubringen!

ULRIKE MEINHOF:
«MAN MUSS DEN STAAT
DEMASKIEREN»

8. Mai 1988

Liebe Leila,

die Bewegung der sechziger Jahre scheint Dich besonders zu interessieren. Über diese Revolte, die fälschlich als «Studentenrevolte» bezeichnet wird – sie wurde ja nicht nur von Studenten getragen –, sind zahlreiche Bücher und Artikel erschienen. Besonders in den letzten Monaten sind über die Ereignisse von damals, die sich nun zum zwanzigstenmal jähren, viele Analysen veröffentlicht worden. Ich werde Dir einige davon schicken. Schon im November 1986 gab es in Frankfurt ein Treffen der 67er und der 68er Veteranen. Es war lustig, aber teilweise auch traurig und tragisch, die Gestalten von einst wiederzusehen, die ehemals radikalen, zornigen jungen Frauen und Männer, die nun dickleibig, mit grauen und weißen Haaren und tiefen Falten im Gesicht dasaßen, gereift, nachdenklich. Viele von ihnen gehören heute zum Establishment der Intelligenz in der Bundesrepublik, einige sind an den Universitäten, bei Verlagen, Fernseh- und Rundfunkanstalten, den Gewerkschaften seßhaft geworden, leben in Wohlstand und schlagen sich vermutlich im stillen mit ihrer «unbewältigten» Vergangenheit herum. Diese ziemlich harte Selbstreflexion, vermischt mit einem für deutsche Intellektuelle charakteristischen Masochismus, war bei den Rede- und Diskussionsbeiträgen stark spürbar. Die deutschen Intellektuellen besitzen eine unglaubliche Fähigkeit, jeden Gedanken, jede menschliche Regung so zu problematisieren, zu zerpflücken, daß man am Ende vor einem Scherbenhaufen steht. Viele beklagten wehleidig die Niederlage der Bewegung. Einer, der damals bei der Revolte eine herausragende Rolle spielte, sagte mir in einem persönlichen Gespräch, er könne es in der Bundesrepublik nicht mehr aushalten, er werde bald nach Südamerika auswandern und nie mehr zurückkommen.

Dabei hätten die Teilnehmer meiner Ansicht nach allen Grund, stolz zu sein. Sicher, ihre Ideale und Vorstellungen sind nicht verwirklicht worden. In der Bundesrepublik lebt keine klassenlose, von Entfremdung befreite Gesellschaft. Doch verglichen mit den sechziger Jahren gibt es hier viel mehr Menschen, die in ihrem Verhalten bewußter, freier und offener geworden sind. Die heute überall existierenden Initiativgruppen, der Abbau von autoritären Strukturen in den Familien, Kindergärten, Schulen und Universitäten, die Ergebnisse, die die Frauenbewegung in ihrem Kampf um Gleichberechtigung erzielt hat, die Befreiung von Tabus im Bereich der Sexualität, in Ehe und Familie und noch vieles mehr wäre ohne die Bewegung der sechziger Jahre undenkbar. Das bedeutet keineswegs, daß man sich heute in der Bundesrepublik uneingeschränkt wohl fühlen kann. Das Land ist inzwischen mit Nuklearwaffen vollgestopft, die Umwelt ist verseucht, Arbeitslosigkeit, die Angst vor einem alles vernichtenden Krieg, vor unbekannten physischen und psychischen Leiden sind hinzugekommen. Darüber werde ich Dir später berichten. Dennoch bin ich der Meinung, daß die Bewegung der sechziger Jahre eine unübersehbar positive Entwicklung verursacht hat. Ihre Träger(innen) könnten und sollten mit Stolz auf ihre Vergangenheit zurückblicken.

Viele, die ich aus der Zeit der Bewegung der sechziger Jahre kenne, tun dies nicht. Sie sind unzufrieden, mit sich selbst, mit der eigenen Geschichte, bei einigen von ihnen habe ich sogar Aversionen, ja oft Haßgefühle gegenüber Deutschland und den Deutschen festgestellt. Sie verkehren vorwiegend mit Ausländern, weil sie zu ihren eigenen Landsleuten keinen Zugang finden.

Damals, in den sechziger Jahren, begegnete man dergleichen nicht. Die Gemeinschaft der «kleinen radikalen Minderheit» bot jedem Unzufriedenen, vom Studenten bis hin zu Hilfsarbeitern, von Rockern bis zu den vor ihren Ehemännern geflüchteten Frauen eine Zuflucht. Das große Interesse, das die Medien der Revolte widmeten, verstärkte die euphorische Stimmung. Auch ich fühlte mich damals zum erstenmal hier wie zu Hause.

Die Revolte war für die Beteiligten, auch für die Gegner, überraschend entstanden. Weder die Politiker noch die Ordnungskräfte und Sicherheitsorgane waren darauf vorbereitet. Was wir uns damals leisten konnten, wäre wenige Jahre später undenkbar gewesen. Dazu fällt mir eine eher komische Geschichte ein.

Rudi Dutschke und ich waren miteinander eng befreundet. Er war ein wunderbarer Mensch. Ich habe in meinem Leben selten einen Menschen kennengelernt, der so scharfsinnig, so intelligent und gleichzeitig weich und einfühlsam war. Ernsthaftigkeit und Sanftmut bestimmten sein Wesen. Trotz seines entschiedenen politischen Engagements war er nie dogmatisch, innere Härte oder Verbissenheit habe ich nie bei ihm gespürt. Er gab sich, wie er wirklich war. Es herrschte eine völlige Übereinstimmung zwischen seinen Gefühlen, seinen theoretischen Erkenntnissen, seinem Handeln.

Rudi und ich diskutierten oft über theoretische Fragen, geplante Aktionen, auch über die Gewalt, ihre Anwendung in den Ländern der Dritten Welt und in den Metropolen. Übereinstimmend stellten wir damals fest, daß sich die unterdrückten Völker der Dritten Welt nur durch Waffengewalt befreien könnten, in den Metropolen hingegen seien nur «symbolische Aktionen», «Gewalt gegen Sachen» erlaubt. Dazu gehörte auch ein Anschlag, den wir auf den amerikanischen Sender AFN in Saarbrücken planten: Es sollte zu einer kurzen Unterbrechung kommen. Mit dieser Aktion wollten wir unseren Protest gegen den Vietnamkrieg demonstrieren. Dabei hätte es einen geringen Sachschaden gegeben: den Sturz eines Antennenmastes, wir hielten das für gerechtfertigt.

Ein in Saarbrücken ansässiger Freund und Genosse wurde gebeten, die nötigen Vorbereitungen zu treffen, wir sollten aus Berlin den Sprengstoff mitbringen. Das war für uns kein Problem. Peter Urbach, S-Bahn-Peter genannt (der sich später als eingeschleuster Spitzel des Verfassungsschutzes entpuppte), besorgte uns eine kleine Bombe. Rudi, ein gemeinsamer Freund und ich machten uns auf den Weg. Damals gab es auf den Flughäfen keine Gepäckkontrollen. Wir gaben unseren Koffer mit der Bombe darin bei der Gepäckabfertigung ab und stiegen recht vergnügt ins Flugzeug. Am Frankfurter Flughafen holten wir den Koffer ab, gingen zur Schalterhalle, um uns einen Wagen zu leihen. Auf dem Weg dahin hielten uns zwei Polizisten an, fragten uns, was wir vorhätten. Rudi zeigte sich verärgert, protestierte heftig gegen die unerlaubte Kontrolle. Es gebe in der Bundesrepublik keinerlei Einschränkungen der Reisefreiheit. Die Polizisten ließen sich nicht einschüchtern, und da wir jede Auskunft verweigerten, forderten sie uns auf, mit ihnen in die Stadt zum Polizeipräsidium zu fahren. Mit einer Bombe im Koffer zum Polizeipräsidium, das hätte für uns schlimme

Folgen haben können. Rein zufällig waren wir in eine Falle geraten. «Nun gut, wenn es sein muß, gehen wir eben mit», sagte Rudi, «aber den Koffer brauchen wir ja wohl nicht mitzuschleppen. Wir stellen ihn in ein Schließfach.» Zu unserem Erstaunen und Glück hatten die Polizisten nichts dagegen einzuwenden. Gemeinsam mit ihnen brachten wir den Koffer zu einem Schließfach. Ich bat noch um ein kurzes Telefongespräch, rief einen Freund in Frankfurt an, informierte ihn über unsere Festnahme. Blitzschnell verbreitete sich die Nachricht in der ganzen Stadt. Die «kleine radikale Minderheit» war damals sehr mobil. Als wir mit einem Polizeiwagen vor dem Polizeipräsidium vorfuhren, standen dort schon ein paar hundert Demonstranten, die unsere Freilassung verlangten. Das Verhör dauerte etwa eine halbe Stunde, danach wurden wir freigelassen. Inzwischen war die Zahl der Demonstranten auf etwa eintausend gestiegen, Rudi hielt eine flammende Rede. Als wir gehen wollten, kam ein Mann auf Rudi zu. «Bist du der Dutschke?» fragte er. «Ja», sagte Rudi freundlich. «Ich bin Amerikaner», sagte der Mann und schlug Rudi mit der Faust gegen den Hals. Die umstehenden Demonstranten stürzten sich auf den Mann, wollten ihn zusammenschlagen. Rudi hielt sie davon ab, bat, ihn laufen zu lassen.

Ein Genosse fuhr uns zum Flughafen. Wir mieteten einen Leihwagen, holten den Koffer aus dem Schließfach und fuhren nach Saarbrücken. Rudis Hals war stark geschwollen, die Schmerzen hielten noch Tage danach an. Wie so oft, stieß auch diesmal unser Plan auf technische Schwierigkeiten. Der Freund in Saarbrücken hatte vermutlich Angst bekommen, die Vorbereitungen waren so lückenhaft, daß wir die Aktion nicht durchführen konnten. Ich glaube, daß wir alle über diese Panne froh waren, was selbstverständlich keiner von uns zugegeben hätte.

Was sollten wir nun mit der Bombe machen? Der Freund in Saarbrücken wollte sie auf keinen Fall bei sich verstecken. Also nahmen wir sie am nächsten Morgen wieder mit ins Auto und flogen damit von Frankfurt aus zurück nach Berlin. Keine Kontrolle, nichts. Aber wohin nun mit der Bombe? Sie bei einem von uns zu verstecken wäre zu riskant gewesen. Schon damals gab es des öfteren Hausdurchsuchungen. Rudi wußte einen Ausweg. Ein mit ihm befreundeter Lehrer erklärte sich bereit, den Koffer in seiner Wohnung unter seinem Bett aufzubewahren. Von dem Inhalt des Koffers hatte er keine Ahnung. Erst Wochen später gaben wir S-Bahn-Peter die Bombe zurück.

Ähnliches wäre heute in der Bundesrepublik unvorstellbar. Die Sicherheits- und Kontrollinstanzen sind inzwischen so gut organisiert, die Vorbeugungsmaßnahmen so verschärft worden, daß schon eine ungewöhnliche Handlung ganz selten und nur durch Zufall den Blicken der zuständigen Ordnungshüter entgehen könnte. Es ist recht beängstigend, wie hier der Staat die Bürger überwacht, wie perfekt der Kontrollapparat ausgestattet ist. Nicht einmal hohe Parteifunktionäre, Bundes- oder Landtagsabgeordnete, führende Gewerkschaftler werden von der Überwachung ausgenommen.

Jedesmal, wenn ich in West-Berlin die Paßkontrolle am Flughafen passiere, werden die beschrifteten Seiten meines Passes abgelichtet. Ich frage mich, wo diese Berge von Papier und Filmen aufbewahrt werden. Man hat hier oft das Gefühl, als ob man in einem Glashaus wohnt und rundherum Kameras stehen, die jede Bewegung aufnehmen. Dennoch ist dieser perfekt organisierte Polizeiapparat recht unflexibel und schwerfällig. Er sitzt ständig auf der Lauer, wittert überall Vergehen und Verbrechen; wenn aber tatsächlich irgend etwas Wichtiges geschieht, verhält er sich hilflos und tolpatschig.

Die meisten Deutschen empfinden die staatliche Kontrolle kaum als Störung. «Ich habe ja nichts zu verbergen», sagen viele. Die Ansicht, daß diese Einmischung des Staates in das Privatleben der Bürger eine bedeutende Einschränkung demokratischer Rechte darstellt, teilen nur wenige.

Die Revolte der sechziger Jahre erfuhr mit dem Attentat auf Rudi Dutschke eine Wende, ja eigentlich war sie schon wenige Monate danach zu Ende. Der Haß gegen Rudi, der zu Recht als Symbolfigur der Bewegung angesehen wurde, war so lange geschürt worden, bis einer zur Pistole griff. Vor dem SDS-Zentrum feuerte ein gewisser Josef Bachmann drei Kugeln auf ihn ab.

Das Attentat war bereits seit Monaten atmosphärisch vorbereitet worden. Die rechtsgerichtete Presse, allen voran die Blätter des Springer-Konzerns, führende Politiker und Parteifunktionäre hatten die Bürger zum Widerstand gegen die «kleine radikale Minderheit» aufgerufen. Wenige Wochen vor dem Attentat hatte der Berliner Bürgermeister auf einer proamerikanischen Kundgebung vor dem Schöneberger Rathaus den Kundgebungsteilnehmern zugerufen: «Das gefährliche Rüpelspiel der Randalierer muß ein Ende haben.» Auf derselben Versammlung wurden Transparente mit Aufschriften wie: «Volksfeind Nr. 1 Rudi Dutschke» oder «Politische Feinde ins KZ!» getragen. Ein Teilnehmer, der Dutschke ähnlich sah, wurde beinahe von der rachsüchtigen und haßerfüllten Menge gelyncht. «Schlagt ihn tot», «hängt ihn auf», «lyncht die Sau», «kastriert das Judenschwein», wurde gerufen.

Am 11. April 68 war es endlich soweit. Dutschke lag, beinahe tot, auf der Fahrbahn. Haß, Wut und Rachegefühle der Mehrheit eines ganzen Volkes hatten sich in den drei Schüssen auf ihn entladen. Elf Jahre sollte sein Kampf mit den Verletzungen noch dauern. Durch das Attentat war, unter anderem, sein Gedächtnis fast völlig ausgelöscht. Er mußte sich jedes Wort, auch die einfachsten Wörter aus der Alltagssprache, neu aneignen. Einige Wochen lang, die ich nach seiner Entlassung aus dem Krankenhaus mit ihm in Italien, im Hause Hans Werner Henzes, verbrachte, war ich Zeuge, mit welcher Energie, welchem ungeheuren Einsatz er an der Rückgewinnung seiner Sprache und seines theoretischen Wissens arbeitete. Erstaunlich für mich war auch, daß selbst der brutale Mordversuch keine Rachegefühle in ihm erweckt hatte, nicht einmal gegen den Attentäter Bachmann. Zum letztenmal traf ich Rudi wenige Tage vor meiner Rückkehr in den Iran. Der Volksaufstand hatte dort seinen Höhepunkt erreicht, der Sturz der Schah-Diktatur stand unmittelbar bevor. «Endlich ist es soweit», sagte er, «unser Kampf hat sich doch gelohnt.» Er schien über den Verlauf der Revolution genauso glücklich wie ich. «Gib acht auf dich», rief er noch aus dem Fenster, als wir uns verabschiedet hatten und ich hinunter auf die Straße gegangen war.

Ein Jahr später erreichte mich in Teheran die Nachricht von seinem Tod.

Die Schüsse auf Rudi Dutschke hatten nach einem allgemeinen Wutausbruch, der zu zahlreichen militanten Aktionen – vor allem gegen den Springer-Konzern – führte, eine bereits zuvor in der Revolte angelegte Spaltung eingeleitet.

Die antiautoritäre Bewegung, ursprünglich vorwiegend vom SDS und von der Kommune I ausgegangen, setzte sich in der Frauenbewegung, in Initiativen von Schülern, Lehrlingen, Basisgruppen im ganzen Land fort.

Der SDS, das Zentrum der neuen Linken, löste sich auf. Die theoretischen Köpfe wanderten in diverse Gruppen, vor allem in die sogenannten K-Gruppen, die jeweils für sich die Führung des deutschen Proletariats und der sozialistischen Revolution beanspruchten. Es war fatal, wie Menschen, die gegen Repression, autoritäre Strukturen, gegen Disziplin, Ordnung, Gehorsam Widerstand geleistet hatten, innerhalb kürzester Zeit Organisationen bildeten, die alle Merkmale einer repressiven Gesellschaft in Kleinformat trugen. Selbstbefreiung, Offenheit und Freundlichkeit waren nicht mehr gefragt, Freundschaften verwandelten sich in Feindschaften, viele übernahmen Verhaltensweisen, die man wenige Jahre zuvor bei der älteren Generation bekämpft hatte. Angesagt war der ideologische Kampf. Es gab nur jeweils eine richtige Linie – natürlich die eigene –, alles andere war verräterisch und konterrevolutionär. Jede Organisation fühlte sich von lauter Klassenfeinden und Verrätern umgeben. Einer der früheren Aktivisten, jetzt ZK-Mitglied einer ML-Organisation, ahmte sogar Stalins Geheimdienstchef Beria nach, trug ein Notizbuch in der Tasche, in das er die Personalien von «Konterrevolutionären» und «Verrätern der Arbeiterklasse» eintrug. Die Liste sollte, wie er mir erklärte, nach der Revolution den Volksgerichten übergeben werden!

Bis zur Mitte der siebziger Jahre waren rund 5000 örtliche Gruppen, Untergruppen oder Sympathisantenorganisationen entstanden, die sich zu den K-Gruppen zählten. Erstaunlich, daß sie sich Ende des Jahrzehnts alle, bis auf einen kleinen Rest, in Luft aufgelöst hatten. Erstaunlich deshalb, weil solche Gruppen, deren Zielsetzungen mit der gesellschaftlichen Realität nichts gemein haben, gewöhnlich jahrzehntelang als Sekten weiterleben.

Eine dritte wichtige Abspaltung aus der Bewegung nahm die in der Revolte proklamierte Radikalität sehr ernst, verfolgte diese bis zur letzten Konsequenz, griff zwangsläufig zu den Waffen und baute die Rote Armee Fraktion (RAF), die Organisation der Stadtguerilla, auf.

Ulrike Meinhof gehörte zu den Gründungsmitgliedern dieser Organisation. Ich hatte sie bei einer Veranstaltung über den Iran in Hamburg kennengelernt. Mein Freund Freimut Duve hatte mich mit ihr bekannt gemacht. Damals war sie Kolumnistin bei der linksgerichteten Zeitschrift «Konkret». Sie zählte zu den besten Journalistinnen, die die Bundesrepublik zu bieten hatte. Politisch stand sie damals eher am Rande der Bewegung, eine demokratisch gesinnte Pazifistin christlicher Herkunft. Schon bei der ersten Begegnung war ich von dem Klang ihrer Stimme, ihrer Ausdrucksweise und bescheidenen Offenheit tief beeindruckt. Ich sollte bei Duves übernachten, sie kam auf einen Sprung mit. Unser Gespräch zog sich durch die ganze Nacht. Als Duves am nächsten Morgen aufwachten, saßen wir immer noch zusammen.

Für mich bedeutete diese Begegnung den Beginn einer sehr schönen und fruchtbaren Freundschaft. Ulrikes politisches Engagement war damals überwiegend moralischen Ursprungs. Im Gegensatz zu vielen Mitgliedern des SDS, die über theoretische Erkenntnisse und das Studium von Marx, Engels, Lenin und Stalin zum Widerstand gestoßen waren, basierten Ulrikes politische Aktivitäten auf einer tiefempfundenen Humanität. Jede ihrer politischen Äußerungen zeugte von moralischer Betroffenheit und Empörung. Es wunderte mich nur, daß ihre politischen Ansichten so sehr in Widerspruch standen zu ihrem Privatleben. Das Puritanische, Gradlinige in ihrem Wesen schien mir unvereinbar mit dem Leben, das sie in der Hamburger High-Society, vor allem mit ihrem Mann, Klaus Reiner Röhl, führte. Doch je mehr sie sich politisch engagierte, desto unerträglicher wurde dieser Widerspruch für sie selbst. Etwa ein halbes Jahr nach unserer ersten Begegnung trennte sie sich von dem Leben in Hamburg und zog mit ihren beiden Töchtern nach Berlin.

Leider blieb ihr in Berlin kaum die Zeit, um ihr vergangenes Privatleben aufzuarbeiten. In meiner Beziehung zu ihr habe ich immer wieder beobachten können, wie schwer es ihr fiel, ihre zuvor verdrängten persönlichen Sehnsüchte und Wünsche tatsächlich zu erfüllen. Das in Berlin verstärkte politische Engagement führte sie schließlich in die Illegalität, in das Leben einer Stadtguerilla.

Unsere letzte Begegnung fand kurz vor ihrer Abwanderung in den Untergrund statt. Sie klingelte ganz unerwartet an unserer Wohnungstür, ich war gerade dabei, die Fensterrahmen in unserer Küche mit roter Farbe zu streichen.

«Ich kann dich nicht begreifen», sagte sie vorwurfsvoll, als sie in die Küche trat. «Wie kannst du in dieser Situation, wo es soviel Elend auf der Welt gibt, deine Fenster streichen? Gerade gestern sind Tausende von Vietnamesen durch amerikanische Napalmbomben getötet worden, Millionen Menschen müssen in deiner Heimat hungern, Zehntausende werden in den Kerkern des Schah gefoltert. Wie hältst du das aus, wie kannst du diese Verbrechen hinnehmen und an dein Privatleben, an die Renovierung deiner Wohnung denken?»

So radikal und eindimensional hatte Ulrike noch nie mit mir gesprochen. Solche Töne war ich eher von meinen iranischen Genossen gewöhnt. In unseren linken Kreisen hatte das Privatleben nichts zu suchen, persönliche Wünsche, individuelle Neigungen waren verpönt. Wer sie dennoch pflegen wollte, mußte es heimlich tun. Ich kannte sogar Leute, die nachts in ihren Wohnungen auf dem nackten Boden schliefen, um ihre Solidarität mit den Obdachlosen zu bekunden. Doch bei Ulrike wußte ich, wie wichtig ihr alltägliche Gegenstände waren, wie sehr sie darauf Wert legte, ihre Umgebung ihrem Geschmack entsprechend zu gestalten. Ich war unschlüssig, was ich ihr antworten sollte. Jeder Widerspruch wäre ihr gegenüber überflüssig gewesen. Sie selbst hatte doch oft genug in ihren Äußerungen die Notwendigkeit eines freundlichen, den ästhetischen Ansprüchen befriedigenden Alltags betont und den zwanghaften Puritanismus mancher «Revoluzzer» belächelt. Woher kam nun diese Wandlung, was war mit ihr geschehen?

Sie wirkte ziemlich unruhig, lief in der Küche hin und her. «Was ist los mit dir?» fragte ich vorsichtig.

«Ich habe mich entschlossen, endlich dieses verlogene bürgerliche Leben zu beenden und alle Folgen eines konsequenten Kampfes auf mich zu nehmen. Dieses Lavieren der Sozialdemokraten und Salonlinken dient doch nur dazu, dem kapitalistischen Staat die Überlebenschancen zu vergrößern. Man muß diesen Staat demaskieren, ihn zwingen, endlich die Katze aus dem Sack zu lassen und Farbe zu bekennen. Nur so kann man eine Revolution vorbereiten, nur so die Menschen aus ihrer Lethargie wachrütteln. Die Frage der revolutionären Gegengewalt muß hier und jetzt gestellt und beantwortet werden. Für mich ist die Entscheidung gefallen.»

Ihre laute, zitternde Stimme – sie schrie fast –, ihr unsicherer, forschender Blick verrieten mir, daß ihre Worte auch sie selbst nicht überzeugen konnten. Daher unternahm ich doch den Versuch, sie durch meine Gegenargumente umzustimmen. «Du glaubst doch wohl selbst nicht, daß eine Handvoll bewaffneter Leute dem bestehenden Machtapparat in der Bundesrepublik auch nur den kleinsten Kratzer zufügen könnte», erwiderte ich. «Wenn es dir aber um Aufklärung, um die Mobilisierung der Menschen gegen die staatliche Repression geht, dann kann ich mir nicht vorstellen, daß gerade du diese Aufgabe mit dem Maschinengewehr besser leisten könntest als mit der Feder. Du bist doch eine anerkannte Journalistin. Deine Artikel werden Woche für Woche von Zehntausenden gelesen und sind nicht ohne Wirkung. Ich wäre froh, wenn ich im Iran diese Möglichkeit hätte.»

Ich muß zugeben, daß auch ich damals leicht dazu geneigt war, zwischen der Bundesrepublik und Ländern wie Iran und Vietnam Parallelen zu ziehen, auch verglich ich die Napalmbomben, die die Amerikaner in Vietnam abwarfen, mit den Blättern des Springer-Konzerns, die täglich, wie ich meinte, zur Gehirnwäsche der Massen in der Bundesrepublik dienten. Daher stimmte ich auch illegalen Aktionen und, wie man es damals ausdrückte, der «Gewalt gegen Sachen» zu. Dennoch erschien mir eine Stadtguerilla in der Bundesrepublik völlig absurd, noch absurder aber Ulrike Meinhof als Mitglied einer bewaffneten Untergrundorganisation.

«Wieso soll eine militante Gruppe gegen den Machtapparat in der Bundesrepublik weniger wirksam sein als ein paar Schreiberlinge gegen die gigantische reaktionäre Presse», sagte sie. «Meine Artikel werden doch in den meisten Fällen nur von denen gelesen, die ohnehin auf unserer Seite stehen. Den Rechten aber nutzen sie als Feigenblatt der Demokratie. Laß dich nicht irreführen von dieser Scheinheiligkeit. Was glaubst du, wie alle die, die sich als Demokraten bezeichnen, reagieren werden, wenn sie die kleinste Gefahr für ihre Macht wittern. Und genau dieses wahre Gesicht des Kapitalismus müssen wir durch bewaffnete Aktionen herausfordern.»

Unser Gespräch dauerte Stunden. Auch Barbara, meine Frau, die später hinzukam, bemühte sich, Ulrike von ihrem Entschluß abzubringen. Vergeblich.

Ich habe Ulrike danach nie mehr gesehen. Durch Freunde hat sie mir nach der Auflösung ihrer Wohnung ihre Waschmaschine und eine Stehlampe, die ich sehr mochte, bringen lassen. Nach ihrer Verhaftung habe ich mich um einen Besuch bei ihr bemüht. Sie hatte davon erfahren und mir darauf bestellen lassen, es sei für mich zu gefährlich, ich solle es lieber sein lassen.

Tatsächlich haben die bewaffneten Aktionen der RAF, wie gewünscht, die Staatsgewalt herausgefordert, nur nicht zum Vorteil der Revolution und der Demokratie. Sie boten den staatlichen Instanzen die Handhabe, unterstützt von der überwiegenden Mehrheit der Bevölkerung, die Repressionen gegen die «kleine radikale Minderheit» zu verschärfen und durch Berufsverbote im öffentlichen Dienst und Maßnahmen zur «Wahrung der inneren Sicherheit» viele der durch die Bewegung der sechziger Jahre erreichten Reformen rückgängig zu machen.

Ulrike Meinhof wurde am 9. Mai 1976, nach vierjähriger Isolationshaft, erhängt in ihrer Zelle aufgefunden. Über den Umstand ihres Todes, Mord oder Selbstmord, wird bis heute gestritten. Vermutlich wird sich die Frage nie ganz klären lassen. Fest steht jedoch, daß Ulrike durch soziale, ja teilweise akustische Isolierung in den Tod getrieben worden ist. Ob nun der endgültige Akt von ihr selbst oder durch fremde Hände vollzogen wurde, ist keine moralische, sondern eher eine juristische Frage. Ihr Tod war, denke ich, für die Bundesrepublik ein großer Verlust. Für mich gehörte Ulrike Meinhof zu den bewundernswertesten Persönlichkeiten, die ich kennenlernen und erleben durfte.

DIE ÄRA BRANDT:
DIE DEUTSCHEN WERDEN
WELTOFFENER

22. Mai 1988

Liebe Leila,

oft habe ich den Wunsch, bei Euch zu sein und all die Qualen und Ängste, die Ihr ertragen müßt, mit Euch zu teilen. Ich habe Deinen Brief, in dem Du über den Kriegsalltag in Teheran berichtest, vielen Landsleuten gezeigt. Es muß furchtbar sein, diese ständige Angst vor Bomben und Raketen, grauenhaft, mitten in der Nacht, im Halbschlaf in den Keller flüchten zu müssen. Derlei Ängste haben wir Flüchtlinge in der Bundesrepublik nicht, Bomben und Raketen werden hier nicht abgeworfen, nächtliche Hausdurchsuchungen, Straßenkontrollen, Auspeitschungen, Steinigungen, wie im Iran üblich, finden hier nicht statt. Folgte ich aber meinen Gefühlen, ich würde es vorziehen, in Teheran zu leben. Meine Gedanken sind ständig bei Euch. So geht es, glaube ich, vielen Exilanten. Sei es aus Solidarität oder auch infolge ihres geplagten Gewissens, sie spüren das Leid ihrer Daheimgebliebenen, ohne die Wirklichkeit des Terrors und des Krieges selbst zu erleben. Man wird dauernd gequält von Alpträumen, lebt weder in der Heimat noch in der Fremde, und wenn man sich nicht stark dagegen wehrt, wird man immer mehr in die Isolation und Einsamkeit getrieben.

Gerade unter den Deutschen ist es nicht einfach, diesen Gefühlen zu widerstehen, eine Geborgenheit zu finden, die den Verlust der Heimat ausgleichen könnte. Dies gelingt heute weniger als vor fünfzehn Jahren.

Damals, Anfang der siebziger Jahre, hatte ich den Eindruck, daß die bundesrepublikanische Gesellschaft sich endlich nach außen öffnet und dadurch eine Atmosphäre entsteht, in der sich auch Ausländer wohl fühlen können.

Eine neue Periode deutscher Geschichte zeichnete sich ab. Willy Brandt, selbst unter den Nazis ein Flüchtling, zum Kanzler der Bundesrepublik gewählt, kniete vor dem Mahnmal im Warschauer Ghetto und bat, stellvertretend für alle Deutschen, die Völker der Welt um Vergebung. Dieser Kniefall sollte symbolisch einen Schlußstrich unter die deutsche Vergangenheit ziehen. Brandt versprach der eigenen Bevölkerung mehr Demokratie und innere Reformen. Der schon chronisch gewordene Antikommunismus sollte allmählich abgebaut, die Feindschaft gegen den Osten durch Verständigung und eine friedliche Koexistenz ersetzt werden. Die Übernahme der politischen Macht durch Sozialdemokraten weckte bei vielen Deutschen, vor allem bei Jugendlichen und Intellektuellen, neue Hoffnungen. Zwar war die Revolte der sechziger Jahre, ohne die der Machtwechsel in Bonn wohl kaum zustande gekommen wäre, bereits zu Ende. Doch der Drang nach Veränderung festgefahrener, autoritärer Strukturen wirkte in allen Bereichen der Gesellschaft fort.

Mit den siebziger Jahren begann die eigentliche, verspätete Modernisierung der Bundesrepublik. Tatsächlich wurden die Deutschen allmählich weltoffener. Mehr als zwanzig Millionen Bundesbürger reisten jährlich ins Ausland und brachten nach ihrem Urlaub ein Stück fremdes Leben und eine Menge fremder Gewohnheiten mit zurück ins Land. Innerhalb kürzester Zeit entstanden in jeder Großstadt – ja selbst in den kleineren Städten – Oasen und Heimstätten fremder Kulturen. Italienische, griechische, jugoslawische, spanische Restaurants und Cafés schossen aus dem Boden. Hier konnte man ein wenig die Urlaubserinnerungen auffrischen. Knoblauch, rohe Zwiebeln, allerlei exotische Gewürze, Spaghetti- und Reisgerichte fanden ihren Einzug in die deutschen Haushalte und belebten die sonst nicht sonderlich phantasiereiche deutsche Küche. Fremde Töne aus den USA und dem europäischen Süden verdrängten fast schlagartig die deutsche Schlager- und Volksmusik. Straßencafés, Fußgängerzonen, Selbstbedienungsläden und -restaurants schafften größere Kommunikationsmöglichkeiten und veränderten den Umgang der Menschen miteinander. Das Privatisieren, die familiären und individuellen Abgrenzungen wurden durch die Präsenz von Millionen ausländischer Arbeiter und Gewerbetreibender sichtbar gelockert. In Berlin zum Beispiel entstanden Straßen, die denen in Istanbul zum Verwechseln ähnelten. Gemüse-, Obst- und Lebensmittelläden mit den auf den Gehsteig ausgestellten Waren, türkische Kneipen und Restaurants mit Döner Kebab am Spieß und türkischer Musik, herumsitzende Männer, schleier- oder kopftuchtragende Frauen, auf der Straße spielende Kinder. Die Besucher vergaßen, daß sie sich in der Bundesrepublik, in der Hauptstadt des damaligen Preußen befanden.

Die Kleidungsgewohnheiten der Deutschen erfuhren ebenfalls eine revolutionäre Veränderung. Frauen begannen, sich der internationalen Mode anzupassen und schwungvollere, elegantere Kleidungsstücke in knalligen und freundlichen Farben zu tragen. Die Männer durften nun auch außerhalb des Hauses – selbst in den Ämtern und Büros – ihre Jacketts ablegen und in Sporthemden oder Pullovern erscheinen. Die gesamte Unterhaltungs-,

Arbeits- und Geschäftswelt wurde mit Farben und eleganteren Designs geschmückt und freundlich gestaltet. Die harten Krusten der auf Ernsthaftigkeit, Disziplin und Ordnung ausgerichteten Lebensform bröckelten ab, es entstand eine neue Welt, in der man eher der eigenen Natur entsprechend leben konnte.

Die Enttabuisierung des Sexuallebens verursachte eine tiefgreifende Veränderung zwischen den Geschlechtern. Wohngemeinschaften, ehemals eine Erfindung der Kommunen und der «kleinen radikalen Minderheit», fanden immer größere Verbreitung. Viele Verbote, wie zum Beispiel Damen- und Herrenbesuche bei alleinstehenden Untermietern, das Vermieten von Wohnungen und Hotelzimmern an unverheiratete Paare wurden allmählich aufgehoben. Nacktbadestrände, Oben-ohne-Kleidung, der Verzicht von Frauen auf Büstenhalter brachten die bis dahin herrschende Moral vollends ins Wanken. Die traditionellen Normen des Zusammenlebens, vor allem die gesetzliche Ehe, wurden stark in Zweifel gezogen. Immer mehr junge Paare weigerten sich, ihre Liebe durch den Trauschein für die Ewigkeit besiegeln zu lassen. Ehescheidungen, die Anfang der siebziger Jahre rapide zunahmen, wurden kaum noch als moralisch anrüchig empfunden. Leider traf dieser Zug der Zeit auch mich persönlich. Auch Barbara und ich haben uns Anfang der siebziger Jahre getrennt.

Die sprichwörtliche deutsche Arbeitsmoral und -disziplin wurde mit der Zeit, nicht zuletzt durch die Vielfalt von Angeboten an Freizeitgestaltung, entkrampft. Die Tradition der deutschen Vereine und Stammtischgruppen erhielt Konkurrenz in den neuen Bürgerinitiativen.

Allmählich konnte man sich als Ausländer in der Bundesrepublik wohl fühlen. Zumindest war bei einem großen Teil der Bevölkerung jene oft unerträgliche, arrogante Verschlossenheit Fremden gegenüber kaum noch spürbar. Zwar hießen die Türken immer noch Kanaken, die Iraner Teppichhändler, und nach wie vor gab es Passanten, die sich umdrehten und einem vorbeigehenden Neger hinterherschauten, doch die Modernisierung der Bundesrepublik, der Frühling der Freiheit, hatte auch Ausländern größere Möglichkeiten zur Integration und zum Zusammenleben mit den Deutschen geschaffen. Hatten die Deutschen sich wirklich verändert? Hatte der endgültige Bruch mit der Vergangenheit, dem Anspruch, die Herren der Welt, eine auserwählte Rasse zu sein, tatsächlich stattgefunden?

Mein zurückhaltender Optimismus sollte bald eine Enttäuschung erfahren. Wie brüchig und verletzbar die jüngst errungene Demokratie und Weltoffenheit in der Bundesrepublik waren, konnte man während der Jahre 1976 und 1977 deutlich und auf beängstigende Weise miterleben. Nach Ulrike Meinhofs Tod im Mai 1976 veränderte sich das Gesicht der Republik schlagartig. Kein Zweifel, die Aktivitäten bewaffneter Gruppen, die widersinnigen, kriminellen und menschenverachtenden Anschläge, Attentate, Entführungen waren eine Herausforderung für den Staat. Doch gerade in solchen kritischen Momenten wird deutlich, inwieweit die demokratische Ordnung stabil ist, die Bürger und der Staat an deren Grundsätzen festhalten. Diktaturen beantworten dergleichen Provokationen mit nackter Gewalt, denn ihre Macht stützt sich nicht auf die Wahl und Zustimmung der eigenen Bürger. Der bundesrepublikanische Staat konnte sich der Unterstützung der Bevölkerung sicher sein, die Gefahr einer ernst zu nehmenden Sympathiekundgebung für die Attentäter und Entführer oder gar eines allgemeinen Aufruhrs zu deren Gunsten war völlig ausgeschlossen. Dennoch reagierte die Bundesrepublik nicht mit den ihr zur Verfügung stehenden demokratischen Mitteln, sondern mit anderen Instrumenten staatlicher Macht – sie schuf faktisch Ausnahmezustände, verstärkte Polizei- und Sicherheitskräfte, ließ Telefone abhören, Personen beobachten, verschärfte die Gesetze, verfügte eine Nachrichtensperre, schloß für längere Zeit die Öffentlichkeit aus. Sie entschied sich zur Verteidigung nicht der Demokratie, sondern der verselbständigten staatlichen Autorität und Macht. Selbst das höchste Grundrecht, das Recht auf Leben, wurde nicht respektiert. Die Regierung glaubte, den Tod des entführten Arbeitgeberpräsidenten Hanns Martin Schleyer oder die Todesgefahr für die 86 Passagiere der entführten Lufthansamaschine «Landshut», die schließlich von Angehörigen der GSG 9 auf dem Flugplatz von Mogadischu befreit wurden, in Kauf nehmen zu müssen. Über längere Zeit hin übte ein Krisenstab unter Kanzler Schmidt eine absolute Macht aus. Das Volk und seine gewählten Vertreter, die Justiz, ja sogar die gesamte freie Presse wahrten dem Staat gegenüber Pflichttreue, praktizierten Selbstzensur und hüllten sich in Schweigen. Erst zehn Jahre später wurden in der Zeitschrift «Der Stern» Pläne und Vorschläge im Krisenstab bekannt, unter anderem der Vorschlag von Franz Josef Strauß, man solle, um den Widerstand der Entführer zu brechen, jede Stunde einen RAF-Gefangenen erschießen!

FLUCHT VOR CHOMEINI – AN DER DEUTSCH-FRANZÖSISCHEN GRENZE

2. Juni 1988

Liebe Leila,

genau vor 21 Jahren riefen hier in West-Berlin vor der Deutschen Oper Tausende von Demonstranten: «Nieder mit dem Schahregime, es lebe die iranische Revolution!» Zwölf Jahre später wurde diese, damals noch völlig realitätsferne Parole zur Wirklichkeit. Der Volksaufstand im Iran erfüllte uns mit Hoffnungen, auch unsere deutschen Freunde nahmen an unserem Glücksempfinden regen Anteil. Es gab aber auch warnende Stimmen, nicht nur aus dem Lager der Konservativen, die selbstverständlich den Sturz des engsten Verbündeten der Bundesrepublik im Nahen Osten, Schah Reza Pahlawi, nicht wünschten. Auch manche Linken äußerten ihre Skepsis, vor allem als Mitte 1978 der Aufstand immer mehr unter islamische Führung geriet und Chomeini die Position des unumstrittenen Führers der Revolution errang. Sie warnten vor einer Übermacht der Geistlichkeit, vor einer Diktatur der Mullahs. Wir Iraner aber ließen uns von solch ernüchternden Worten deutscher Intellektueller, die immer alles besser wissen wollten, nicht stören. Mehr als zwei Jahrzehnte lang hatten wir auf diesen Augenblick gewartet, niemand konnte unsere Euphorie bremsen, unsere Freude trüben.

Als ich Anfang Januar 1979, etwa drei Wochen vor dem Sturz des Schah, in Frankfurt das Flugzeug nach Teheran bestieg, war ich sicher, daß der Abschied von der Bundesrepublik und von meinen deutschen Freunden ein Abschied für immer war. Erinnerungen wurden in mir wach, Erinnerungen an meine erste Ankunft in Frankfurt, an die Tage bei Familie K., an das Leben im Internat, an Stuttgart, Tübingen und Berlin. Eine fast fünfzehnjährige Exilzeit in der Bundesrepublik war endgültig zu Ende, vieles Schöne und Häßliche, was mich mit diesem Land verband, lief wie ein Film vor meinen Augen ab: der frühere Major der deutschen Wehrmacht, unser Erzieher «Su», die Chorgesänge in der Kirche, die Waldorfschule, Barbara, Neckar, der Hölderlinturm, Ernst Bloch, der erschossene Ohnesorg, der blutende Dutschke, die erhängte Meinhof.

Was im Iran nach dem Sturz des Schah geschah, haben wir, Du und ich, teilweise zusammen erlebt. Wie beglückend war der Frühling der Freiheit und wie enttäuschend die weitere Wandlung der Revolution zu einer unbeschreiblich brutalen Diktatur der Mullahs. Schon nach zwei Jahren mußten viele von uns wieder in den Untergrund. Die Gefahr, in die Fänge der Revolutionswächter zu geraten, wurde immer bedrohlicher. Bald gab es nur noch einen Ausweg, um dieser Gefahr zu entrinnen: die Flucht ins Ausland.

Für mich waren alle Vorbereitungen getroffen, doch ich zögerte immer noch. Lieber in Teheran im Untergrund leben, die Angst vor Verhaftung, Folterung und Erschießung erdulden, als zum zweitenmal das Leben im Exil zu ertragen.

Drei Jahre Aufenthalt im Iran, die tief beeindruckenden Erlebnisse während der Revolution und danach, das Wiedererwachen meiner Gefühle für die Landschaft, Kultur, für die Sitten und Umgangsformen, die mich als Kind geprägt und sich während der Exilzeit in unerfüllbare Sehnsüchte verwandelt hatten, hielten mich fest. Wie könnte ich mich von alledem trennen, von Verwandten und Freunden, und mich auf die Flucht begeben, in Flüchtlingslagern leben, ohne Arbeit, ohne Hoffnung? Wie könnte ich den täglichen Gang zu den Behörden, die Beleidigungen und Erniedrigungen durch die Beamten erdulden?

Aber die Flucht ließ sich nicht mehr aufschieben. Innerhalb von vier Monaten waren fast sechstausend Gefangene hingerichtet worden, darunter viele meiner Freunde. Jeder konnte der nächste sein, gleichgültig ob er politisch aktiv war oder nicht: Frauen, die die islamischen Kleidungsvorschriften mißachteten, Liebespaare, die sich irgendwo heimlich trafen, junge Männer, die den Kriegsdienst verweigerten, Familien, die zu Hause ein Fest feierten, Musik hörten oder tanzten. Niemand war seines Lebens sicher, die politisch Aktiven erst recht nicht.

Dennoch wollte ich Teheran nicht verlassen, diese schmutzige, chaotische, verbaute Stadt, mit den hohen kahlen Bergen im Norden und dem ewig blauen Himmel, der nur selten von Wolkenfetzen bedeckt wurde.

Wir waren zu viert. Unser Weg führte uns durch die traumhaft und überirdisch anmutende Wüstenlandschaft. Die große Salzwüste im Osten Irans, an deren Rand sich die asphaltierte Landstraße hinzog, stand in starkem Kontrast zu den verarmten Dörfern und Kleinstädten, die verstreut in der Gegend lagen. Hier in der Wüste eine seit Jahrtausenden unberührte Landschaft, wo Himmel und Erde sich vereinen und man am Abend glaubt, die unzähligen Sterne mit ausgestreckten Händen greifen zu können, und dort in den Dörfern und Kleinstädten die schlimmste Armut, Menschen, die wie Würmer in Dreck und Staub leben.

Mit einem Jeep wurden wir in ein kleines Nest nahe der pakistanischen Grenze gefahren: drei Nomadenzelte, vier Lehmhütten. Ein Balutsche, zu dem wir ins Zelt gebracht wurden, wollte uns die einzige Ziege, die er besaß, zum Mittagessen schlachten. Wir hatten viel Mühe, ihn davon abzuhalten.

Der Weg über die pakistanische Grenze bis nach Karatschi ließ unzählige Bildvariationen des unbeschreiblichen Elends der Dritten Welt vor unseren Augen passieren: abgemagerte Kinder mit aufgeblähten Bäuchen, Wohnlöcher, in denen Tiere und Menschen gemeinsam hausten, gebückte alte Frauen und Männer, bettelnd mit ausgestreckter Hand am Rande der Landstraße sitzend, denen unser vorbeifahrendes Auto den Staub ins Gesicht blies. Auf dem ganzen Weg gab es kaum etwas, was wir uns hätten zum Essen kaufen können.

Unsere Maschine setzte zur Landung in Frankfurt an. Ich fühlte plötzlich eine furchtbare Angst in mir, Angst vor der Wiederholung eines längst vergangenen und abgeschlossenen Exillebens.

Durch einen Schlauch, den man Finger nennt, kamen wir in den Transitraum. Paßkontrolle: ein starrer, Verdacht schöpfender Blick des Grenzbeamten in meine Augen und auf das Foto im Paß. Für diese Beamten, dachte ich, ist jeder Angehörige der Dritten Welt ein potentieller Terrorist oder ein Asylbewerber. Bei uns konnte er nichts Verdächtiges feststellen, wir durften die Grenze passieren.

Fließband und Rolltreppe führten uns zur Gepäckkontrolle. Überall glänzender Fußboden, saubere Wände, keine Transparente, keine Parolen, nur ordentlich eingerahmte Reklamebilder. Alle sprachen leise miteinander, als ob sie flüsterten. In der S-Bahn saßen die Fahrgäste fremd nebeneinander oder einander gegenüber. Bleiche Gesichter mit blonden oder braunen Haaren. Einige lasen Zeitung, andere sahen aus dem Fenster oder starrten auf die Reklametafeln. Selten schaute jemand einen anderen an, meist waren es verstohlene Seitenblicke. Alles verlief diszipliniert, wie nach Plan. Es gab beim Aus- und Einsteigen kein Drängeln und kein Schubsen. Die Leute gingen höflich, aber auch distanziert miteinander um. Hier schien die Welt in Ordnung, eine bedrückende Ordnung, die auch uns vier Flüchtlinge zum Schweigen zwang.

Wir fuhren in die Wohnung meines Freundes Z. Ich rief in Teheran an, hörte, daß die Hinrichtungen fortgesetzt wurden, heute seien es 150 gewesen, wurde angedeutet. Sagen konnte man nicht viel, ich legte bald den Hörer auf.

Das Fernsehen wurde eingeschaltet, derselbe Sprecher, dieselben Gesichter: Strauß, Kohl, Brandt, Liselotte Funke und Frau Dingwort-Nussek, einige dünner, andere dicker, alle ein paar Jahre älter, dieselben Sätze, dieselben Probleme: Arbeitslosigkeit, Renten, Umweltverschmutzung, und Ernst Dieter Lueg kommentierte. Eine Sportreportage und ein Bericht über die Frühjahrsmode beschlossen die Abendnachrichten. Kein Wort über die 150 Hinrichtungen im Iran. Ich hielt es kaum aus, lief zum Fenster, auf der Straße waren wenig Passanten zu sehen. Gelegentlich fuhr ein Auto vorbei, es regnete.

Drei Tage verbrachten wir in Frankfurt, um ein Visum für Frankreich zu besorgen. Die ersten Eindrücke nach der langen Flucht durch Iran und Pakistan wirkten wie Schläge in mein verdutztes Gesicht. Fließbänder, Rolltreppen, U-Bahnen, S-Bahnen, saubere Straßen, reich und geschmackvoll dekorierte Schaufenster, vollgestopfte Warenhäuser, elegant und modisch gekleidete Damen und Herren, stille, wohlerzogene Kinder, disziplinierter Verkehr, Verbotsschilder, Verkehrsschilder, Hochhäuser, farbige Plakate, Lichtreklamen – eine blitzblank geputzte, glänzende, bunt und geschmackvoll geschmückte Stadt. Mir fielen die abgemagerten kranken Kinder, die Wohnlöcher und Lehmhütten in Pakistan ein.

In Paris war für mich der Aufenthalt einfacher als in Frankfurt. Hier gab es kaum Erinnerungen, die mir bestätigten, daß ich mich abermals im Exil befand. Wir wohnten zu viert in einem Zimmer im siebten Stock eines Hochhauses, direkt über dem Bahnhof von Montparnasse. Von unserem Fenster aus konnte man die Ankunft und Abfahrt der Züge beobachten. Wenn ein Zug ankam, spuckte er Hunderte von Menschen aus. Alle hatten es eilig. Nach wenigen Augenblicken war der Bahnsteig wieder leer.

Kurz vor Weihnachten wollte ich nach Berlin fahren, um meine Tochter Marjam und ihre Mutter Barbara zu sehen. Mein Visum für die Bundesrepublik, das ich in Karatschi erhalten hatte, war noch nicht abgelaufen. An der Grenze verlangte der deutsche Beamte meinen Paß, ich sollte an die Seite fahren. Es dauerte etwa eine Stunde, bis der Beamte zurückkam. «Wir können Sie nicht einreisen lassen», sagte er in einem strengen Ton. «Sie sind in der Bundesrepublik unerwünscht.» – «Weshalb?» fragte ich erstaunt. «Ich kann Ihnen keine Auskunft geben», sagte er. «Sie können sich schriftlich an das Bundesinnenministerium wenden.» – «Es muß ein Mißverständnis sein», versuchte ich ihm zu erklären. «Ich bin doch erst vor drei Wochen in Frankfurt angekommen, und da hat niemand etwas beanstandet. Mein Visum ist noch gültig. Ich möchte nur für ein paar Tage nach Berlin, um meine Tochter zu besuchen.» – «Die Ausreden kennen wir schon», sagte er ungeduldig. «Machen Sie, daß Sie wegkommen.» Ich wollte noch etwas sagen, vielleicht um ein Gespräch mit seinem Vorgesetzten bitten, aber er ließ mich nicht zu Wort kommen, schlug mit der

Faust auf das Dach des Wagens, streckte Hand und Zeigefinger aus und schrie: «Raus, raus, sage ich!»

Wie gesund und kräftig er aussieht, dachte ich. Mir blieb keine andere Wahl, als seine Anweisung zu befolgen. «Ein wenig höflicher könnten Sie ja wohl sein», warf ich noch beim Anfahren ein. Aber meine Worte wurden von seiner dröhnenden Stimme übertönt.

Ich fuhr auf die andere Seite der Autobahn und erhielt meinen Paß. Ich öffnete den Paß. Mitten auf einer leeren Seite stach ein großer viereckiger Stempel ins Auge: «Zurückgewiesen!» Wut und Ohnmachtgefühle stiegen in mir auf, die Buchstaben tanzten vor meinen Augen.

Der Wagen mit deutschem Kennzeichen gehörte meinem Bruder. Er ist Arzt und hat in der Nähe von Neustadt an der Weinstraße eine Praxis. Er hatte mir den Wagen für eine kurze Zeit geliehen.

Nun mußte ich wieder die französische Grenzkontrolle passieren. Der Grenzbeamte mußte die Vorgänge an der deutschen Grenze beobachtet haben. Er verlangte meine Papiere und ging damit in sein Büro. Nach einer Weile kehrte er zurück und fragte mich, wem der Wagen gehöre. «Meinem Bruder», antwortete ich. «Das kann ja sein», sagte er. «Aber damit können Sie nicht nach Frankreich fahren. Mit diesem Stempel in Ihrem Paß haben Sie kein Recht, sich in der Bundesrepublik aufzuhalten. Ihr deutsches Visum ist damit ungültig. Sie sind also wohnhaft in Frankreich. Wenn Sie nun mit diesem Wagen nach Frankreich fahren wollen, müssen Sie Zoll bezahlen.» – «Das ist doch Unsinn», sagte ich. «Bei dem Einreiseverbot handelt es sich um ein Mißverständnis, dessen bin ich ganz sicher. Außerdem gehört der Wagen meinem Bruder, und er hat ja seinen Wohnsitz in der Bundesrepublik.» – «Ob Ihre Zurückweisung ein Mißverständnis ist oder nicht, geht uns nichts an», sagte er. «Mit diesem Wagen jedenfalls können Sie nicht nach Frankreich einreisen.»

«Und was soll ich nun Ihrer Meinung nach mit dem Wagen machen?» fragte ich. «Sie können ihn auf den Parkplatz stellen und von Ihrem Bruder abholen lassen», antwortete er.

Es war nichts zu machen. Ich fuhr auf den Parkplatz, holte meine Reisetasche heraus und wollte nun mit dem Bus in den nächsten Ort, nach Forbach, fahren, um von dort aus Leute anzurufen, die mir eventuell helfen könnten.

Von der Grenzkontrolle an der Autobahn führte eine Treppe hinunter auf die Landstraße. Der Regen wurde immer heftiger. Ich hatte weder einen Regenmantel noch einen Schirm dabei und war schon nach kurzer Zeit durchnäßt. Es war kalt, und ich fror am ganzen Körper. Als ich die Treppe hinabstieg, stellte ich mit Erstaunen fest, daß ich mich in der Bundesrepublik, etwa hundert Meter vor der Grenzkontrolle, befand. «Jetzt bin ich, obwohl unerwünscht, doch noch eingereist», dachte ich. Auf der linken Straßenseite sah ich ein Lokal. Ich ging hinein, es war schön warm darin. Ich bestellte mir erst einmal einen doppelten Schnaps. Dann rief ich gleich von dort aus meinen Freund Otto Schily in Berlin an, erzählte ihm die ganze Misere. Er wollte sich sofort mit dem Innenministerium in Verbindung setzen, empfahl mir, nach Forbach zu fahren und ihn später wieder anzurufen.

Ich nahm also meine Reisetasche und lief zur Grenzkontrolle. Der deutsche Beamte nahm meinen Paß, warf einen Blick hinein, sah den Stempel und war zunächst sprachlos. Ich wollte es ihm erklären, was es mit dem Stempel auf sich hat, aber er ließ mich nicht zu Wort kommen.

«Das ist doch unglaublich», sagte er. «Sie sind zurückgewiesen worden und befinden sich trotzdem auf deutschem Boden. Sie sind also illegal eingereist. Das wird Sie teuer zu stehen kommen.»

«Lassen Sie mich es Ihnen erklären», sagte ich.

«Was Sie zu erklären haben, interessiert mich nicht im geringsten», unterbrach er mich. «Ich halte mich an die Tatsachen. Sie sind zurückgewiesen worden und sind wieder illegal eingereist. Da gibt es nichts mehr zu erklären.»

Die Erlebnisse im Iran, die Flucht und jetzt noch diese Vorfälle an der Grenze hatten mich sehr eingeschüchtert, so daß ich meine Wut kaum äußern konnte. Das schien auch der Beamte zu spüren, um so mehr reizte es ihn offenbar, mich zappeln zu lassen.

Ich versuchte, meine Kräfte zu sammeln, doch er ließ mir keine Zeit dazu, endlich hatte er ein Opfer, mit dem er seine Langeweile vertreiben konnte.

«Was haben Sie da in Ihrer Tasche?» fragte er. «Nichts Außergewöhnliches», antwortete ich. «Nur persönliches Reisegepäck.» – «Das wollen wir doch mal sehen», sagte er, forderte mich auf hineinzukommen, führte mich in ein leeres Zimmer, in dem nur ein rechteckiger langer Tisch stand. Dann rief er noch einen Kollegen herbei. «Er ist zurückgewiesen worden, trotzdem ist er illegal eingereist», sagte er zu ihm. Während nun der zweite Beamte sich an meine Tasche machte, stand der erste breitbeinig, die Hände in den Hosentaschen, und wartete auf seinen Triumph. Mein ganzes Gepäck wurde auf dem Tisch ausgebreitet, Hemden, Unterhosen, Socken, Rasierapparat, Zahnpasta, Zahnbürste, Seife, Handtuch und ein Buch, ein Gedichtband von Enzensberger, den ich in Paris, in einer deutschen Buchhandlung, gekauft hatte, um meine Erinnerungen an das Deutschland, das ich schätze, wachzurufen. Der Grenzbeamte schlug das Buch auf. Mir fielen die Zeilen ein: «Was habe ich verloren in diesem Land...»

Er legte das Buch weg, schien unzufrieden. So schnell wollte er die Beute nicht freigeben. «Ziehen Sie sich aus», sagte er. Ich hatte inzwischen meine Willenskraft vollends verloren, schwieg, leistete keinen Widerstand, folgte automatisch seinen Anweisungen, zog meinen Anorak aus, den Pullover, das Hemd. Als er ein Zögern bei mir feststellte, stampfte er mit dem Fuß auf die Erde, schrie: «Alles, habe ich gesagt, ziehen Sie alles aus.» Ich zog meine Hose, Schuhe und Strümpfe und schließlich auch die Unterhose aus. Nun stand ich hier, splitternackt, vor zwei deutschen Grenzbeamten, an der deutsch-französischen Grenze bei Forbach, mit einem nicht ganz reinen Paß und einem Stempel darin, auf dem «Zurückgewiesen!» stand. Geflüchtet aus der Heimat und zurückgewiesen an der Grenze eines Landes, das ich als meine zweite Heimat betrachtete.

Meine Kleider wurden Stück für Stück durchsucht, auch Schuhe und Strümpfe, zuletzt drückte der Beamte mit beiden Daumen meine Arschbacken auseinander und warf einen Blick hinein. «Sie können sich wieder anziehen», sagte er, wie es die Ärzte nach einer Untersuchung zu tun pflegen.

«Wäre ich doch in Chomeinis Gefängnis gelandet», dachte ich einen Augenblick lang, «dann wüßte ich, warum die Untersuchungsbeamten mich hassen.»

Die beiden Beamten gingen hinaus, ließen mich im Zimmer allein. Ich zog mich an, packte meine Sachen in die Reisetasche und wartete. Nach etwa einer halben Stunde kam der Beamte zurück. Der «Fall» hatte sich geklärt. Er gab mir meinen Paß, ich durfte die Grenze passieren. Nach Frankreich natürlich.

Es dauerte fünf Tage, bis Schily die Aufhebung meines Einreiseverbots erreichen konnte. Den Grund für das Verbot habe ich nie erfahren.

Nach einjährigem Aufenthalt siedelte ich zunächst nach Frankfurt und anschließend nach Berlin über. Was mich wohl am meisten quälte, war der ewige und sinnlose Gang zu den Behörden.

Die Meinung der meisten Beamten in Deutschland über nichteuropäische Ausländer – die Amerikaner natürlich ausgenommen – ist, seitdem ich die Bundesrepublik kenne, immer dieselbe geblieben: Ausländer können grundsätzlich kein Deutsch, man muß sich dadurch verständlich machen, daß man sie duzt und mit ihnen grammatisch falsch redet, zum Beispiel alle Verben im Infinitiv benutzt. Zweitens sind Ausländer ohnehin schwer von Begriff und außerdem schwerhörig, man muß also vieles wiederholen und dabei ganz laut und eindringlich und möglichst mit dem auf die Person gerichteten Zeigefinger sprechen. Schließlich kennen sich Ausländer grundsätzlich in Gesetzen und Bestimmungen der Bundesrepublik nicht aus, man kann ihnen also nach Belieben Vorschriften machen. Sie haben zu gehorchen, anderenfalls werden sie ab- und, wenn es möglich ist, ausgewiesen. Auf der Ausländerbehörde in Berlin empfängt man zunächst unten am Eingang von einem Polizisten die ersten Anweisungen. Selbst wenn man die Prozedur schon hundertmal hinter sich gebracht hat, wird man jedesmal wie ein Anfänger behandelt und belehrt. Wenn man Glück hat und nicht zu spät gekommen ist, erhält man eine Nummer. Oft sind bereits morgens um zehn die Nummern vergeben. Mit der Nummer begibt man sich in einen Wartesaal. In jedem Warteraum sitzen etwa achtzig bis hundert Personen, wartend auf ihr Schicksal und die Gnade der Beamten. Eine Anzeigetafel zeigt alle paar Minuten eine neue Nummer, jede neue Nummer wird von einem Gongschlag begleitet. Bei jedem Tonzeichen drehen sich alle Köpfe in die Richtung der Anzeigetafel. Alle Anwesenden sind nervös. Gewöhnlich dauert es zwei Stunden, bis man an die Reihe kommt, trotzdem schaut man gleich nach der Ankunft jedesmal beim neuen Gongschlag auf die Tafel. Es wird viel geraucht, die Luft ist zum Ersticken, denn selten wird das Fenster aufgemacht. An den sonst kahlen

Wänden hängen ein paar Schilder mit Anweisungen wie: «Nur eintreten, wenn Ihre Nummer gerufen wird!»

Wird man endlich gerufen, darf man erst einmal sein Anliegen vorbringen, erledigt wird es nach einer abermaligen Wartezeit von ein bis zwei Stunden. Das Ganze wäre nicht der Rede wert, wenn es nicht von ständigen Beleidigungen und stets gegenwärtiger Verachtung begleitet wäre. Die überall herumhängenden Gebots- und Verbotsschilder, das oft forsche und herabwürdigende Auftreten der Beamten, die unfreundlichen Räume, die unzähligen Formulare mit zum Teil überflüssigen Fragen, die man ausfüllen muß, machen den Besuch so unerträglich. Es ist auch schwer einzusehen, daß es nicht möglich wäre, durch Einstellung von ein paar zusätzlichen Beamten das Warten zu erleichtern.

Einmal fauchte mich ein Beamter an, als ich ihm ein ausgefülltes Formular vorlegte. Er nahm einen Rotstift, zog einen dicken Strich unter meinen Vornamen und sagte: «Sie wollen Schriftsteller und Journalist sein? Sie können ja nicht einmal Ihren Namen richtig schreiben. «Bahman» schreibt man bei uns mit zwei «n».

Berlin hatte sich natürlich stark verändert. Zahlreiche Neubauten, neue Straßen und Geschäfte waren entstanden, historische Gebäude renoviert, Parkanlagen geschmackvoller ausgebaut. Was mir besonders auffiel, war die verschärfte Disharmonie zwischen den verschiedenen Stadtbezirken. Mehr als in den siebziger Jahren hatte sich die Bevölkerung je nach sozialer Stellung auf bestimmte Stadtbezirke konzentriert, die Wohlhabenden in Dahlem und Zehlendorf, die Ärmeren in Kreuzberg und Neukölln, die Mittelschicht, vor allem die Kleinbürger, in Steglitz und Charlottenburg usw. Ausländer wohnten selbstverständlich zumeist in ärmeren Gegenden. Ihnen wurde der Zuzug in bestimmte Stadtbezirke ohnehin nicht gestattet.

Das Verhalten der Bewohner sowie das Straßenbild in den einzelnen Stadtbezirken war so unterschiedlich, daß man beim Übergang von einem Bezirk zum anderen den Eindruck hatte, in ein anderes Land zu kommen. In Dahlem zum Beispiel sah man kleinere und größere Villen mit Gärten und Parks, breitangelegte Grünanlagen, in Kreuzberg verfallene mehrstöckige Wohnhäuser mit mehreren Hinterhöfen.

Ich wohnte zunächst in Steglitz, in einem vierstöckigen Haus, auf jedem Stock zwei Wohnungen. An jeder Wohnungstür war ein Guckloch angebracht, mit einem Vergrößerungsglas darin. Wenn jemand klingelte – darin lag der Sinn dieses Gucklochs –, konnte man vom Inneren der Wohnung aus erst einmal schauen, wer vor der Tür stand. Unerwünschten Besuchern wurde die Tür nicht geöffnet! Vor dem Haus war ein kleiner Hof mit jungen Bäumen, mit Blumen und Pflanzen. Anderthalb Jahre lang habe ich hier gewohnt. Diese ganze Zeit über gelang es mir nicht, zu den Bewohnern Kontakt herzustellen. Meine ersten Versuche, die zufälligen Begegnungen im Hof oder im Treppenhaus zu einem kurzen Gespräch zu benutzen, scheiterten an der Unnahbarkeit der Leute. Mühsam und widerwillig wurde jedesmal mein Gruß erwidert. Nur ganz selten kam es vor, daß einer der Bewohner mit mir gemeinsam den Aufzug benutzte, die kurze Zeit, die man ohne Worte in dem kleinen Raum verbrachte, während man sich bemühte, Begegnungen der Blicke zu vermeiden, war unerträglich und peinlich. Oft hörte ich die Leute aus ihrer Wohnung herauskommen. Wenn sie merkten, daß andere den Aufzugknopf gedrückt hatten, gingen sie wieder in ihre Wohnung hinein, bis der Aufzug frei war. Über dieses Verhalten habe ich mit einem Bekannten, einem sehr aufgeschlossenen Juristen, gesprochen. «Ich mache es genauso», sagte er lachend. «Wenn ich merke, daß jemand bei uns im Haus den Aufzug benutzt, warte ich erst einmal ab, bis er weg ist. Über den Grund habe ich nie nachgedacht. Wahrscheinlich ist es nur eine Gewohnheit.» Lediglich ein einzigesmal habe ich von einem Hausbewohner mehr zu hören bekommen als die Erwiderung eines Grußes. Ein Nachbar klingelte am Abend bei mir, beschwerte sich, daß ich staubsaugte, und wollte sogleich die Polizei rufen. Übrigens wurde bei uns jeden Abend um zehn Uhr die Haustür abgeschlossen. Maßnahmen wie diese dienten nicht nur der Sicherheit, sie verhärteten die Entfremdung zwischen den Menschen, obwohl ich den Eindruck hatte, daß die meisten Leute, die in unserem Haus wohnten, besonders alleinstehende ältere Männer und Frauen, sich recht einsam fühlten.

Auffallend für mich war, daß gerade diese Leute viel unbeschwerter und freundlicher mit ihren Hunden redeten als mit ihren Nachbarn. Hunde boten auch einen besseren Vorwand zu einem kurzen Gespräch auf der Straße als zum Beispiel Kinder.

Überhaupt genießen Hunde die allgemeine Zuneigung der Berliner, dürfen, wo immer sie wollen, auf der Straße, in den Parks, ihre Notdurft verrichten, für die Stadtreinigung eine ungeheure Belastung. Passanten schauen ihnen sogar gern dabei zu. Würde aber ein Kind sich dergleichen erlauben, bekäme es sicherlich böse Worte zu hören. Ja, den Hunden geht es hier wirklich gut, sie werden geliebt und gut verpflegt. Ich frage mich, wieso diese Zuneigung nicht auf Menschen übertragen werden kann?

Die Zeit, die ich in Steglitz verbrachte, fiel mit der politischen Wende in der Bundesrepublik zusammen. Ein Zentralpunkt dieser Wende bestand in der Erzeugung einer feindlichen Stimmung gegen Flüchtlinge und allgemein gegen Ausländer.

«Deutschland ist ein Traumland für Flüchtlinge geworden», behaupteten Politiker und Journalisten. Eine

«Asylantenflut» führe das Land in die große Katastrophe, man müsse diese Flut eindämmen.

Entsprechend dieser Anweisung reagierte auch die Mehrheit der Bevölkerung. Innerhalb weniger Monate entstand hier eine derart aggressive Stimmung gegen Flüchtlinge, daß ich mir überlegte, ob ich nicht bald auch aus der Bundesrepublik flüchten müßte. Auf den Straßen, an den Bushaltestellen, U-Bahn-Stationen fühlte ich mich von feindlichen Blicken beobachtet und verfolgt. Ging ich zu einem Bäcker oder Metzger, faßte ich ein paarmal in meine Tasche, um mich zu vergewissern, daß ich genug Geld bei mir hatte. So unsicher fühlte ich mich. Nachts wagte ich mich kaum noch auf die Straße, fühlte mich sehr einsam und fremd. Irgendwann, dachte ich, wird dieser schlummernde Haß, der ständig von oben geschürt wird, ausbrechen und zu direkten aggressiven Handlungen führen. Es waren ja bereits Bürgerinitiativen gegründet worden, die Anschläge auf Flüchtlingslager planten und verübten. «Jagt die Asylanten wieder raus, wir sind und bleiben Deutsche», wurde gefordert, einmal sogar: «Wir müssen Bergen-Belsen wieder aufmachen!»

Der Türke Ramazan Avci wurde in Hamburg erschlagen, und er war nicht der einzige, der zur Zielscheibe der Wut neofaschistischer Banden wurde. Die allgemeine Hetze erlaubte sogar zwei Angestellten eines Supermarktes in Tübingen, im Zentrum der Stadt, vor den Augen einer ganzen Anzahl von Passanten, einen Flüchtling zu erwürgen.

Der Flüchtling, ein Iraner, zwanzig Jahre alt, hatte mit seiner neunzehnjährigen Frau in einem Flüchtlingslager gelebt, einer Kaserne, die dem Sozialamt zur Unterbringung von Flüchtlingen zur Verfügung gestellt worden war. Neben Verpflegung erhielt jeder Flüchtling ein Taschengeld von 70 DM pro Monat.

Kiomars Javadi, so hieß der Iraner, ging eines Tages zu

einem Supermarkt, nahm Fleisch, Tiefkühlgerichte, Spirituosen im Wert von 54,40 DM in einen Einkaufswagen und versuchte damit durch den Hintereingang zu verschwinden. Er wurde dabei von einer Verkäuferin entdeckt. Ein Angestellter und ein Lehrling nahmen sich seiner an. Javadi versuchte zu flüchten, doch draußen auf der Straße wurde er von dem Lehrling geschnappt, zu Boden gezerrt, auf den Bauch gelegt. Der Lehrling setzte sich auf seinen Rücken, packte ihn von hinten am Hals und drückte, der zweite Angestellte hielt dem Flüchtling die Beine fest. Etwa zwanzig Passanten versammelten sich um die drei Männer. Sechzehn Minuten lang dauerte der Würgegriff, bis das zunächst zappelnde Opfer seinen Widerstand aufgab und erschlaffte. Während des ganzen Vorgangs griff keiner der Passanten direkt in das Geschehen ein. Es gab lediglich zwei Protestrufe. «Laß ab, du bringst ihn um», hatte einer gesagt. «Den lasse ich nicht mehr los», hatte der Lehrling erwidert. Als nach einer Viertelstunde die Polizei eintraf, lag der Junge bereits reglos am Boden, er starb, kurz nachdem er in die Klinik eingeliefert worden war.

«Wer hat da mitgewürgt?» fragte eine linke Zeitung. Das Tübinger Gericht, das vor kurzem über diesen Mordfall zu urteilen hatte, kümmerte sich nicht um dergleichen Fragen. Ihm erschien der Fall ganz harmlos. Die beiden Angeklagten wurden wegen fahrlässiger Tötung zu jeweils achtzehn Monaten Haft mit Bewährung verurteilt. So wenig schien den Richtern das Leben eines Flüchtlings wert zu sein.

Tatsächlich hat sich in der Bundesrepublik die Stimmung gegen Flüchtlinge und Ausländer im Vergleich zu den siebziger Jahren grundlegend gewandelt. Damals in den sechziger und siebziger Jahren wurden billige Arbeitskräfte gebraucht, die man zu Hunderttausenden aus dem Ausland herbeiholte; heute scheint die Bundesregierung entschlossen, mit allen erlaubten und unerlaubten Mitteln einen weiteren Zuzug von Ausländern zu verhindern. Auch den hier Anwesenden soll das Leben so schwer gemacht werden, daß sie freiwillig das Land verlassen. Die Zustimmung der Bevölkerung versucht man nicht selten mit Argumenten und Begriffen zu erlangen, die der jüngst vergangenen deutschen Geschichte angehören. In einem Entwurf des Bundesinnenministers Zimmermann zum neuen Ausländergesetz wird zum Beispiel behauptet: Die Zuwanderung von Ausländern bedeute «den Verzicht auf die Homogenität der Gesellschaft, die im wesentlichen durch die Zugehörigkeit zur deutschen Nation bestimmt wird... Die gemeinsame deutsche Geschichte, Tradition, Sprache und Kultur verlören ihre einigende und prägende Kraft. Die Bundesrepublik Deutschland würde sich nach und nach zu einem multinationalen und multikulturellen Gemeinwesen entwickeln.»

Ich versuche mir vorzustellen, wie die Bundesrepublik aussähe, wenn man sie, den Wünschen des Herrn Zimmermann entsprechend, vollständig von fremden Einflüssen «reinigen» würde. Ich denke, in diesem Fall würden selbst viele Deutsche es in diesem Land nicht mehr aushalten.

Dem Bundesminister ist offensichtlich entgangen, daß die deutsche Kultur ihre Größe und Vielfalt nicht zuletzt der Berührung und Vermischung mit anderen Kulturen verdankt. Der Minister ist sich anscheinend auch darüber nicht im klaren, daß eine Kultur, die nicht offen ist und sich äußeren Einflüssen verschließt, zum Untergang verurteilt ist und sich zwangsläufig in Unkultur verwandelt.

Natürlich schafft die Anwesenheit einer relativ großen Zahl von Ausländern Probleme, die teilweise schwer zu lösen sind. In Berlin bilden Ausländer zwölf Prozent der Gesamtbevölkerung, es gibt Stadtteile, in denen Ausländer, vor allem Türken, das Stadtbild prägen. Ich habe oft deutsche Eltern getroffen, die sich über das Unterrichtsniveau an Schulen beklagen, wo die mangelhafte Kenntnis der Sprache bei vielen ausländischen Schülern das Tempo der allgemeinen Schulausbildung bremst. Doch eine Lösung kann nicht darin bestehen, daß man die Ausländer wegjagt.

Ich denke, daß die von manchen Politikern und Journalisten geschürte Fremdenfeindlichkeit nicht allein auf bestimmte Eigenschaften der Deutschen zurückgeführt werden kann, die bei diesen Politikern und Journalisten besonders ausgeprägt sind. Es ist vielmehr die allgemeine ökonomische und kulturelle Krise, die steigende Arbeitslosigkeit, das Fehlen von gesellschaftlichen Utopien, die Angst vor einer nuklearen Katastrophe, vor Zerstörung der Umwelt, die eine zunehmende Unzufriedenheit bei der Bevölkerung ausgelöst und die Politiker der Wende zu einem Schritt zurück in die vordemokratische Vergangenheit veranlaßt haben.

Was ich nach meiner Rückkehr in die Bundesrepublik besonders bei Intellektuellen, aber nicht nur dort, feststellte, war eine Art apokalyptischer Stimmung. Der Glaube an den Fortschritt, an die heilbringende Technik war bei vielen zerronnen, ein Gefühl der Leere, der politischen und geistigen Perspektivlosigkeit war überall spürbar.

«Was ist mit euch geschehen», fragte ich eine frühere Freundin, eine Schriftstellerin, die eine Zeitlang unter der Anschuldigung, mit der RAF sympathisiert zu haben, in Haft verbringen mußte. «Nur vier Jahre bin ich weggewesen, und schon komme ich mir vor wie der japanische Soldat, der während des Zweiten Weltkrieges desertiert und in den Dschungel geflüchtet und erst nach zwanzig Jahren zurückgekehrt war.» Unser Gespräch ist mir nur sinngemäß in Erinnerung geblieben.

«Du hast recht», sagte sie. «Es hat sich bei uns etwas

Grundlegendes verändert. Mein Eindruck ist, daß hier mehr oder minder stillschweigend eine Revolution stattgefunden hat, die im Gegensatz zu allen vorhergehenden Volksbewegungen keine Führer besaß, von keiner Partei organisiert wurde, auch keine Ziele zu proklamieren hatte, außer der Aufhebung des Bestehenden. Daher gibt es bei dieser Revolution auch keine Sieger, sondern nur Besiegte. Die Geschichte, die Verhältnisse selbst haben eigenmächtig gehandelt, wir alle waren dabei Zuschauer. Weißt du, ich glaube, die Bewegung der sechziger Jahre, bei der auch du aktiv beteiligt warst, bildete den letzten vergeblichen Versuch, die historischen Zielsetzungen, Ideale, Wertvorstellungen des achtzehnten und neunzehnten Jahrhunderts, die von der Aufklärung und dem Humanismus geprägt waren, zu retten. Damit ist es meiner Ansicht nach endgültig zu Ende. Europa ist an das Ende seiner Geschichte angelangt. Selbst die Natur hier verliert ihre letzte Kraft, hinter jedem Baum lauert bereits der Tod. Der wahrscheinlich vergebliche Versuch eines jeden von uns besteht nun darin, individuell unsere eigene Haut, unsere eigene Seele zu retten, uns wie Menschen zu verhalten, denen nur eine Galgenfrist gesetzt worden ist.»

«Es tut mir leid, aber ich kann dir nicht folgen», erwiderte ich, «es gibt nur eine Handvoll Länder auf dieser Welt, die das erreicht haben, wovon nahezu die ganze Menschheit träumt. Die Bundesrepublik gehört zu diesen privilegierten Ländern. Allein die Tatsache, daß hier niemand aus Hunger und Armut sterben muß, ist ein Privileg, das nicht hoch genug eingeschätzt werden kann. Viele sind hier im Gegenteil um ihre Gesundheit und Figur besorgt. Auch eure Freiheiten sind nahezu uneingeschränkt. Es gibt keine moralischen Instanzen, die euch bestimmte Verhaltensweisen vorschreiben und sich in euer Privatleben einmischen, auch keine politische Macht, die euch ihren Willen aufzwingt. Ihr könnt tun, sagen, schreiben, was ihr wollt. Ist es nicht vielleicht der Überfluß, der euch unzufrieden macht?»

«Du redest tatsächlich wie der Japaner, der nach zwanzig Jahren aus dem Dschungel kam und sich reumütig bei seinem Regiment zurückmelden wollte. Du kommst gerade aus einer Welt, die eben andere Sorgen hat. Bleib erst einmal eine Weile hier, dann möchte ich hören, ob du immer noch so redest. Ich möchte dir jetzt nicht all die Zusammenhänge zwischen der Armut bei euch und dem Reichtum hier, nichts über die Macht des Kapitals, die weit größer ist als die eines Diktators, und nichts über die Manipulationsmöglichkeiten der Bevölkerung durch die Medien herunterleiern. Das haben wir doch früher bis zum Überdruß getan. Was ich heute in der Bundesrepublik vermisse, ist mit vollen Kühlschränken nicht auszugleichen. Es ist wahr, ich leide nicht an Hunger, habe auch keine Furcht vor staatlichen Übergriffen, obwohl ich lang genug die Gewalt des Staates in nahezu ständiger Isolationshaft erleben konnte. Trotzdem ist mir bang um mein Leben. Schau, überall, an jeder Ecke befinden sich Atomwaffen und Nuklearanlagen, die im Fall eines technischen Versagens Hunderttausende, ja Millionen von Menschen töten und verstümmeln würden. Hier kannst du doch nicht einmal sorglos ein Stück Fleisch, ein Ei, Obst oder Gemüse essen. Mit jedem Atemzug nimmst du zahlreiche Giftstoffe in dir auf, die Luft, die ganze Natur ist verseucht. Wir müssen doch oft in unseren Wohnungen die Fenster schließen, weil die Luft draußen gesundheitsschädlich ist. Du kannst, wenn du zum Beispiel im Sommer an einem Fluß spazierengehst und Lust bekommst zu schwimmen, dich nicht einfach ausziehen, in den Fluß hineinspringen und das kühle Wasser über deinen Körper fließen lassen, kannst nicht irgendwo auf fremden Feldern Erdbeeren und Kirschen klauen. Der unmittelbare Bezug zur Natur ist einfach gestört, es wird von Tag zu Tag schlimmer, und das Verheerende ist, daß niemand diesen Prozeß aufhalten kann.

Die technische Entwicklung hat sich längst verselbständigt, es gibt keine Instanz mehr, die das Ganze überblicken und steuern könnte. Unser politisches System, ein anachronistisches Überbleibsel des neunzehnten Jahrhunderts, ist jedenfalls völlig unfähig, die wirklichen Probleme unserer Gesellschaft zu lösen. Schau dir doch die Parteien und Politiker an. Wer von ihnen wäre in der Lage, auf die Fragen der Bevölkerung eine Antwort zu geben? Sie sind doch nicht mehr ernst zu nehmen. Auch unsere früheren Vorstellungen, die auf dem Unterschied zwischen den sozialen Klassen und Schichten basierten, bieten keine Lösungen mehr. Die Begriffe «links» und «rechts», «konservativ» und «progressiv» sind durcheinandergeraten, ihre Unterschiede betreffen nur noch Teilprobleme. Unsere Vernunft ist am Ende. Die Menschen fühlen sich fremd und einsam. Die Unterhaltungsindustrie kann sie mit ihrem vielfältigen Angebot nur noch ablenken, aber nicht befriedigen. Ja, wir können alles haben, sogar Erdbeeren im Winter, aber das wirkliche Leben ist uns nicht mehr vergönnt.»

Was die Freundin hier aussprach, beklagten viele. Selbst ein Bundestagsabgeordneter sagte mir einmal in einem vertraulichen Gespräch: «Die politischen Parteien sind außerstande, langfristige Strategien vorzulegen, denn ihnen fehlt einfach der Überblick über die Zusammenhänge der Faktoren, die für die Zukunft entscheidend sind. Wir wissen nur so viel, daß die auf uns zukommenden Gefahren immer bedrohlicher werden, die zwangsläufige Rationalisierung der Produktion zur weiteren Steigerung der Arbeitslosigkeit führen wird, die ökologischen Schäden die Menschen weit mehr als bisher gefährden werden. Das Gespenstische ist, daß wir im Augenblick nicht nach irgendwelchen Lösungen suchen, sondern uns mit der Frage beschäftigen, wie die Menschen, vor allem die Betroffenen, auf diese Zustände und ihre Folgen reagieren werden. Genauer gefragt: Werden die bereits spürbaren Aggressionen zunehmen und irgendwann zu einer Explosion führen, oder werden die Menschen in Resignation und totale Passivität verfallen? Unsere Bemühungen, insbesondere unsere Kultur- und Medienpolitik, sind darauf ausgerichtet, explosive und radikale Reaktionen zu verhindern.»

Die Lösung, die konservative und rechtsgerichtete Parteien für diese Probleme anzubieten hatten, haben sie bei der Übernahme der politischen Macht proklamiert. Geplant war eine «geistig-moralische» Wende, das bedeutete die Rückgewinnung verlorener moralischer Werte und die Wiederherstellung einer nationalen Identität. Die geschürte Fremdenfeindlichkeit war Teil dieser Politik, die eine Neubesinnung auf die eigene Vergangenheit und eine neue Geschichtsschreibung forderte. So fühlten sich namhafte Historiker wie Ernst Nolte dazu berufen, die deutsche Geschichte von dem nationalsozialistischen Schandfleck zu reinigen. Die Verbrechen des Hitler-Regimes sollten verharmlost und als eine logische Reaktion auf die Vorgänge in der Sowjetunion während der Stalinzeit gedeutet werden. «War nicht der Archipel Gulag ursprünglicher als Auschwitz? War nicht der Klassenmord der Bolschewiki das logische und faktische Prius des Rassenmords der Nationalsozialisten?» schrieb Nolte.

Dieser neue Angriff auf die bisherige Geschichtsauffassung führte zum sogenannten «Historikerstreit». Ich werde Dir die ausführlich dargelegten Standpunkte beider Seiten, die vor allem in der «FAZ» und der «Zeit» erschienen sind, zuschicken.

Sicherlich ist Nolte kein Einzelgänger, seine Behauptungen und Argumente fanden viel Beifall, aber auch viel Widerspruch. Der «Historikerstreit» machte deutlich, daß selbst nach mehr als vierzig Jahren für eine gründliche Auseinandersetzung mit dem deutschen Faschismus ein Nachholbedarf besteht. Ich schicke Dir das Buch von Ralph Giordano: «Die zweite Schuld oder von der Last, Deutscher zu sein», das sich gerade mit der fehlenden Aufarbeitung dieser Zeit sehr intensiv auseinandersetzt.

IN DER FREMDEN
KULTUR SICH SELBST
NICHT VERLIEREN

6. Juli 1988

Liebe Leila,

Deine Überlegungen, die Entwicklung in Europa biete endlich eine Chance zu einer wirklichen Partnerschaft und einem Kulturaustausch mit den Völkern außerhalb Europas, entsprechen auch meinen Gedanken und Wünschen. Doch davon sind wir, glaube ich, noch weit entfernt. Zwar ist die Absicht der Konservativen in der Bundesrepublik, das Rad der Geschichte zurückzudrehen und die alten Wertvorstellungen wieder einzuführen, unrealistisch und von vornherein zum Scheitern verurteilt. Aber es gibt eine andere Gefahr, die sich abzeichnet, und das ist meiner Ansicht nach eine Neuauflage des Nationalismus, übertragen auf die Ebene Europas mit der Bundesrepublik und Frankreich an der Spitze. Wer heute die politische Landschaft in der Bundesrepublik genauer beobachtet, wird jedenfalls feststellen, daß ein zunehmender Eurozentrismus nicht nur bei den «modernen» Konservativen, sondern selbst im Lager der Linken unleugbar ist.

Ich brauchte nach meiner Rückkehr in die Bundesrepublik viel Zeit, um meine ersten Eindrücke differenzieren zu können. Ganz so trist, wie meine Freundin es geschildert hatte, sieht die Wirklichkeit hier doch nicht aus. Inzwischen bin ich nach Charlottenburg umgezogen. Hier herrscht im Vergleich zu Steglitz eine völlig andere Atmosphäre. Bald nach meinem Umzug lernte ich die meisten Leute aus dem Haus kennen und konnte zu vielen aus der Nachbarschaft den Kontakt herstellen. Ein paar türkische Gemüse- und Lebensmittelläden, die, ich weiß nicht warum, nahe beieinander liegen, eine italienische Eisdiele, ein chinesischer Imbißladen, ein Schreibwarenladen, dessen Besitzer ein Landsmann von mir ist, ein Ökoladen, ein griechisches und ein italienisches Restaurant, ein alternativer Brotladen mit dem schönen Namen «Brotgarten» und eine Weinkneipe bieten Möglichkeiten zu einem kurzen Geplauder oder längeren Gesprächen am Abend. Zweimal in der Woche gibt es auf dem schönen Klausener Platz einen offenen Markt, der mich an unsere Obst- und Gemüsemärkte in Teheran erinnert. Genau wie dort preisen auch hier die Marktfrauen und -männer, zumeist Ausländer, laut rufend ihre Waren an. Ein- oder zweimal im Jahr gibt es auch ein Straßenfest, bei dem sich die Nachbarschaft aus dem Kiez (das heißt Nachbarschaft hier bei uns in Berlin) trifft. Es fällt auch auf, daß hier viele Leute keine Vorhänge vor ihren Fenstern haben und man in ihre Wohnungen hineinschauen kann. Diese entkrampfte, offene Lebensweise, die sich alternatives Leben nennt, gewinnt in der Bundesrepublik immer mehr an Boden. Die Alternativen sind inzwischen zu einer wichtigen Kraft im Land geworden. Sie haben ihre Partei, die Grünen, die sowohl im Bundestag wie auch in den meisten Landtagen und Stadtbezirken vertreten sind, sie haben ihre Initiativgruppen, Kinderläden, ihre Kneipen, Kinos, Theater, Buchläden, sie haben auch ihre Zeitungen, darunter die überregionale «Tageszeitung», ein inzwischen auch im Gegenlager vielbeachtetes Nachrichtenblatt.

Bei einem traditionellen Verständnis von Politik kommt man zu dem Schluß, daß insgesamt in der Bundesrepublik seit Mitte der siebziger Jahre, genauer seit dem deutschen Herbst, ein Entpolitisierungsprozeß stattgefunden hat. Ehemalige Linke, die heute an den Universitäten und Schulen tätig sind, beklagen sich über das politische Desinteresse der Schüler und Studenten.

Mein subjektiver Eindruck stimmt mit dieser Ansicht nicht ganz überein. Das Urteil mag für die Mehrheit der Deutschen, für die breite Mitte, gelten, die übrigens noch nie besonders politisch interessiert war. Was sich dennoch bei dieser Mitte, wie ich glaube, politisch geändert hat, ist ihr Verhältnis zu den staatlichen Institutionen, zu den Gesetzen und Bestimmungen. Das ehemals große, ja fast blinde Vertrauen in den Staat, in die Politiker hat in den letzten Jahren stark abgenommen. Zahlreiche Affären, Korruptionsfälle, Bestechungen, Intrigen, wie zuletzt in Schleswig-Holstein unter Ministerpräsident Barschel, haben zu allgemeiner Demoralisierung und zum Vertrauensbruch geführt. Der Glaube an die Integrität der Politiker ist erheblich geschwächt. Das politische Engagement der Mehrheit der Deutschen beschränkt sich auf den sporadischen Urnengang zu Bundes- und Landtagswahlen oder auf die Teilnahme an Bürgerinitiativen, die sich für die Lösung lokaler und regionaler Probleme einsetzen. Auffallend für mich ist auch, daß die Deutschen sich weniger als bisher an Verordnungen, Verbote und Gesetze halten. Ob am Arbeitsplatz oder im Straßenverkehr, man kann überall eine bestimmte Lässigkeit beobachten. Mir persönlich gefällt das ganz gut, sie weicht diese den Deutschen eigentümliche Härte auf, macht die Menschen hier zugänglicher.

Bei den Alternativen, zu denen sich auch die Aktivisten der sechziger und siebziger Jahre zählen, hat sich ebenfalls ein anderes Politikverständnis eingebürgert. Hier hat das Engagement für Fragen der internationalen Politik und ebenfalls das Interesse für die Länder der Dritten Welt merklich nachgelassen. Mit Ausnahme kleinerer Gruppen kümmern sich selbst die ehemaligen Linken kaum noch um die Belange dieser Länder.

Als ich vor ein paar Jahren eine großpropagierte Veranstaltung mit prominenten Rednern über die Situation der Kurden besuchen wollte, kam ich auf dem Weg dahin an einem Kino vorbei. Eine lange Menschenschlange hatte sich vor der Kasse gebildet, es gab ein großes Gedränge um Eintrittskarten. Gezeigt wurde Alexander Kluges «Die Macht der Gefühle». Zu der Veranstaltung über Kurdistan hingegen kamen höchstens fünfzig Teilnehmer. Dieser Mangel an Interesse ist meiner Meinung nach nicht allein mit der großen Enttäuschung über die Ergebnisse der vietnamesischen und iranischen Revolution zu erklären. Die zuvor politisierte Minderheit der Deutschen hat sich nach innen gewandt, sowohl politisch als auch individuell. Sie engagiert sich hauptsächlich für die Abrüstung, wobei sie sich auf die Ost-West-Konflikte beschränkt, richtet sich gegen die Verschmutzung der Umwelt, ist beschäftigt mit der Aufarbeitung der eigenen Geschichte, des Faschismus und Antisemitismus. Das große Interesse der Linken und Alternativen gilt aber auch in erheblichem Maße der eigenen Person, der psychologischen Auseinandersetzung mit dem eigenen Verhalten, den Bedürfnissen und Wünschen. Diese neue Individualität, die man als «Neue Innerlichkeit», «Neue Subjektivität» oder «Neue Sensibilität» bezeichnet, hat die Deutschen komplizierter, aber auch lockerer, offener, freundlicher gemacht. Ich denke, daß dieses Phänomen in erster Linie den Frauen zu verdanken ist, die seit einigen

Jahren immer mehr das gesellschaftliche, kulturelle und auch politische Leben in der Bundesrepublik mitbestimmen. Männern allein wäre der recht gründliche Abbau von Härten sicherlich nicht gelungen.

Welche Entwicklung nun diese neue Subjektivität einschlagen wird, ist schwer vorauszusagen. Bleibt sie ohne gesellschaftliche Zukunftsperspektiven, dann besteht die Gefahr, daß sie einen Nährboden für neue Irrationalismen bildet. Ein gewisser Hang zur Religiosität ist jetzt schon unter den Alternativen zu beobachten. Stelle Dir vor, allein in Berlin sind mehr als tausend Frauen zum Islam übergetreten. Religiöse Sekten haben in den letzten Jahren einen enormen Zulauf bekommen. Es ist schon kurios, wenn deutsche Frauen und Männer sich an indische und chinesische Orakelsprüche halten. Bei dieser neuen Entwicklung haben bereits viele fremde Elemente in das deutsche Kultur- und Alltagsleben Einzug gehalten. Kannst Du Dir zum Beispiel vorstellen, daß jetzt in zahlreichen Lokalen in der Bundesrepublik, auch bei Festen und Privatparties, Bauchtänzerinnen auftreten und viele deutsche Frauen sich in dieser Kunst ausbilden lassen?

Für uns Ausländer und Flüchtlinge bildet das alternative Spektrum eine unersetzbare Stütze. Es gibt Hunderte von Gruppen, die, verstreut im ganzen Land, sich für die Rechte der Flüchtlinge und Ausländer einsetzen, ihnen Schutz gewähren, Ausweisungen und Abschiebungen verhindern. Gerade seit der Politik der Wende fühlen sich viele Deutsche zum Widerstand gegen den neuaufkommenden Konservatismus aufgerufen. Meines Wissens gibt es in keinem Land der Welt eine ähnliche Bewegung in dieser Größenordnung. Es ist zu bewundern, mit welch großer Selbstlosigkeit sich auch ältere Menschen gegen die ausländerfeindlichen Maßnahmen der Behörden zur Wehr setzen.

Du hattest mich, liebe Leila, gefragt, ob ich Dir ein Studium in der Bundesrepublik empfehlen würde. Ich habe nun versucht, in einigen Briefen, Dir durch die Schilderung von Erlebnissen, Beobachtungen, Eindrücken, meine subjektiven Ansichten über dieses Land darzulegen. Während ich nun diese Briefe schrieb, habe ich auch viel über eine meiner Ansicht nach noch wichtigere Frage nachgedacht. Ist denn überhaupt ein Studium im Ausland sinnvoll? Selbstverständlich bietet ein längerer Aufenthalt im Ausland die große Chance, den engen Rahmen der national geprägten Erziehung und Kultur zu überwinden, Erfahrungen zu sammeln, die eigene Persönlichkeit weiterzuentwickeln. Doch er birgt auch zugleich Gefahren in sich, die Gefahr der Entwurzelung, der Entfremdung.

Viele meiner Landsleute, die nach der Revolution in den Iran zurückgekehrt waren, hatten sich in der langen Zeit der Abwesenheit so weit verändert, daß sie sich im Iran nicht mehr wohl fühlen konnten und nach wenigen Monaten das Land wieder verließen. Aber auch in der Bundesrepublik waren sie nicht zu Hause. Das Problem besteht, glaube ich, darin, daß man die volle Bereitschaft zur Auseinandersetzung mit der fremden Welt mitbringen, aber gleichzeitig eine bequeme Anpassung vermeiden muß.

Du bist eine junge Frau, aufgewachsen in einer Welt, deren moralische Werte sich grundsätzlich von denen der bundesrepublikanischen Gesellschaft unterscheiden. Du hast eine andere Erziehung genossen, Dein Verhältnis zu den Mitmenschen, zu Deinen Eltern, Geschwistern, zu Männern und auch zu Frauen, Deine Beziehung zur Natur, zur Musik, Literatur, Kunst sind geprägt von orientalischen und islamischen Wertvorstellungen. Welten trennen Dich von den Deutschen. Kämest Du hierher, würdest Du lange Zeit benötigen, um all das Neue und

Unbekannte zu begreifen. Meine Erfahrung zeigt, daß dieser Prozeß des Verstehens mit vielen Qualen verbunden ist, mit Sehnsüchten, die lange unerfüllt bleiben, mit Enttäuschungen, aber auch mit Glücksempfinden und Erfolgserlebnissen. Es ist wie beim Erlernen einer fremden Sprache. Nach jedem Sprung erreicht man einen toten Punkt, eine Phase der Unzufriedenheit, die man mühsam überwinden muß, um wieder ein Erfolgserlebnis zu haben. Das Entscheidende bei der Auseinandersetzung mit einer fremden Kultur ist, denke ich, daß man sich selbst nicht verliert. Die eigene Persönlichkeit, die Identität, kann man nicht wechseln, man kann sie nur verlieren oder bereichern.

Die bundesrepublikanische Gesellschaft birgt beide Möglichkeiten in sich: die Gefahr eines Persönlichkeitsverlustes, weil es hier immer noch genügend Strömungen und Kräfte gibt, die sich vor Fremden verschließen und den wirklichen Zugang zu ihrer Gesellschaft nur im Falle einer Unterwerfung und Integration gestatten. Sie bietet aber auch die große Chance, wertvolle Schätze zu entdecken, fruchtbare Erkenntnisse und Erfahrungen zu sammeln, sich zu entfalten, wunderbare Menschen zu erleben und kennenzulernen.

ÜBER DEN AUTOR

Bahman Nirumand wurde 1936 in Teheran geboren. Den fünfzehnjährigen Sohn schickte die deutschlandbegeisterte Familie auf ein Internat in Stuttgart; auf der Stuttgarter Waldorfschule machte Nirumand sein Abitur. Er studierte in München, Tübingen und Berlin Germanistik, Philosophie und Iranistik, promovierte 1960 über Brecht und kehrte im selben Jahr in den Iran zurück. Dort lehrte er als Dozent für Vergleichende Literaturwissenschaft an der Universität Teheran. Wegen seiner politischen Arbeit im Untergrund wurde Bahman Nirumand vom SAVAK, dem Geheimdienst des Schahs, verfolgt; er mußte mit seiner Familie fliehen. Von 1965 bis Januar 1979 lebte er dann als Schriftsteller und Journalist in der Bundesrepublik. In Berlin wurde er zu einem der Wortführer der Studentenbewegung. Im März 1967 war sein Buch «Persien – Modell eines Entwicklungslandes» bei rororo aktuell erschienen. Tausende von gegen den Schah demonstrierenden Studenten waren seiner eindringlichen Kritik an der Unterdrückung im Iran gefolgt. Der von einem Polizisten erschossene Student Benno Ohnesorg hatte Nirumands Buch gelesen.

Einige Wochen vor dem Sturz des Schah-Regimes kehrte Bahman Nirumand in den Iran zurück und war Mitbegründer der Nationaldemokratischen Front. Nach der Verschärfung der Mullah-Diktatur mußte er abermals zunächst im Untergrund leben und im November 1981 aus dem Iran fliehen. Seitdem lebt er, nach einem kurzen Aufenthalt in Paris, wieder in Berlin.

Publikationen: Iran – hinter den Gittern verdorren die Blumen (rororo aktuell 5735, 1985)

Mit Gott für die Macht. Eine politische Biographie des Ayatollah Chomeini (zusammen mit Keywan Daddjou, 1987)